わかる、伝わる
旅コトバ帳 ✈

イタリア

成美堂出版

● もくじ ●

	イタリアのおもな都市	3
	この本の構成と使い方	4
	これだけは知っておきたい！ 旅のイタリア語 ■ 超基本フレーズ ■	6

- 1章　**出発する**　10
- 2章　**移動する**　24
- 3章　**泊まる**　44
- 4章　**食べる**　64
- 5章　**買う**　106
- 6章　**見る・遊ぶ**　158

【コラム】数字の読み方　113

超緊急！
旅のトラブル・フレーズ集　184

■ スタッフ

本文デザイン／DTP　　榊デザインオフィス
イラスト　　　　　　鈴木清美（ホームページ：atelier kiyo）
写真　　　　　　　　Fotolia

イタリアのおもな都市

● この本の構成と使い方 ●

この本は、各章とも3つのパートで構成されています。

❶ よく使う「単語」
でシンプルに伝えるページ

❷ よく使う「フレーズ」
で具体的に伝えるページ

❸ 相手の言っている
こと がわかるページ

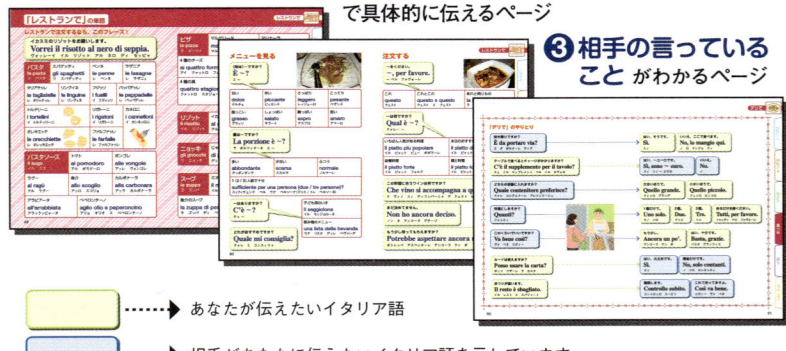

▭ ……▶ あなたが伝えたいイタリア語

▭ ……▶ 相手があなたに伝えたいイタリア語を示しています。

各パートの構成と使い方

❶ よく使う「単語」でシンプルに伝えるページ

絶対役立つ超基本表現

その場面でよく使う代表的な文を紹介しています。

よく使う単語リスト

各場面でよく使う単語を
リストアップしています。

- 自分の言いたい単語を言ったり指し示したりする
- 相手が言いたいことを指し示してもらう
- メニューや表示などを読むときの辞書にする　という使い方ができます。

※すべての単語を ▭ の文と組み合わせて使えるわけではありません。
※名詞につく冠詞については、9ページ下をご覧ください。

❷ よく使う「フレーズ」で具体的に伝えるページ

~をください。
~ , per favore.
~ ペル ファヴォーレ

これ	これとこれ	あれと同じもの
questo	questo e questo	la stessa cosa
クェスト	クェスト エ クェスト	ラ ステッサ コーザ

~は何ですか？
Qual è ~ ?
クァレー ~

いちばん人気がある料理	本日のおすすめ
il piatto più popolare	il piatto del giorno
イル ピャット ピュー ポポラーレ	イル ピャット デル ジョルノ

お会計をお願いします。
Il conto, per favore.
イル コント ペル ファヴォーレ

黄色の吹き出しは応用のきく「よく使うフレーズ」です。このフレーズと下の単語などを組み合わせれば、言いたいことをより具体的に伝えられます。

ページの下にあるこの囲みには、各場面で役立つひと言表現が載っています。

❸ 相手の言っていることがわかるページ

このくらいでいいですか？
Va bene così?
ヴァ ベネ コズィー

もう少し。
Ancora un po'.
アンコーラ ウン ポ

はい、十分です。
Basta, grazie.
バスタ グラッツィエ

　各場面で想定されるやりとり（会話）をまとめたページです。言葉に出しても通じないときは、相手にこのページをそのまま見せましょう。
　相手は、自分の言いたいことをブルーの囲みに見つければ、指でさして伝えてくれるでしょう。

5

これだけは知っておきたい！
旅のイタリア語
■ 超基本フレーズ ■

こんにちは。
Buongiorno.

ブオンジョルノ

　これは朝から夕方まで使えるあいさつです。ホテルやレストラン、買い物などでお店に入ったら、まずは笑顔で「**ブオンジョルノ**」と言いましょう。夕方からは Buonasera.「**ブオナセーラ**」を使います。よりカジュアルなあいさつは Ciao.「**チャオ**」。これは1日中使えます。

ありがとう。
Grazie.

グラッツィエ

　人と人との心を結ぶ魔法の言葉。絶対覚えておきたいひと言です。これとセットでよく使われるのが「どういたしまして」という意味の Prego.「**プレーゴ**」。これには「どうぞ」という意味もあり、ウェイターが料理や飲み物を出すときや、店員が商品を見せるときなどによく使います。こう言われたら、「**グラッツィエ**」をお忘れなく！

はい。/ いいえ。
Sì. / No.
スィ / ノ

英語の **Yes. / No.** にあたる言葉です。イタリア語の **No.** は「ノ」のように、英語よりも短く発音します。何かを勧められて「いいえ、結構です」と断るときは、**No, grazie.**「ノ グラッツィエ」と言います。

〜をお願いします。
〜, per favore.
〜 ペル ファヴォーレ

英語の **please** にあたる言葉で、レストランやバールで注文したり、「メニューをお願いします」「お会計をお願いします」などと伝えるときに活躍するひと言です。欲しいものの名前のあとに、「ペル ファヴォーレ」を添えましょう。

〜してもいいですか？
Posso 〜?
ポッソ 〜

　「試着してもいいですか」「写真を撮ってもいいですか」など、許可を求めるときに使うフレーズです。「〜」には動詞を続けますが、動詞の言い方がわからなくても、試着したい洋服を指さしたり、カメラを見せながら「ポッソ？」と言えば、あなたが求めていることを理解してもらえるでしょう。

〜が欲しいのですが。／〜したいのですが。
Vorrei 〜.
ヴォッレーイ 〜

　自分の欲しいものや希望を丁寧に伝えるときに使うフレーズです。「〜」には「切符」「ほかの色」といった「**名詞**」を入れるほか、「〜へ行きたいのですが」「〜を予約したいのですが」などのように「**動詞**」を続けて使います。

～はどこですか？
Dov'è ～?

ドヴェー ～

観光スポットの場所だけでなく、トイレ、タクシー乗り場など、さまざまな「場所」をたずねるときに使えるフレーズです。「ドヴェー」のあとに、探している場所やものの名前を入れます。

★名詞につく冠詞について★

イタリア語の名詞には男性系と女性系の性があり、その名詞の性と数（単数か複数か）によって、名詞につく不定冠詞と定冠詞の形が異なります。

不特定の名詞を指すときには「不定冠詞」をつけ、特定の名詞を指すときには「定冠詞」をつけます。

不定冠詞
- **un** または **uno** ＋ 男性名詞（単数形）
- **una** または **un'** ＋ 女性名詞（単数形）

定冠詞
- **il** ＋ 男性名詞（単数形） ／ **i** ＋ 男性名詞（複数形）
- **la** ＋ 女性名詞（単数形） ／ **le** ＋ 女性名詞（複数形）

＊語頭の音によって、上記以外の冠詞が使われる名詞も一部あります。

冠詞なしでも通じることはありますが、不自然な表現になるため、本書の名詞は冠詞をつけた形で紹介しています。

1章
出発する

機内で
「機内で」の単語 ……… 12
機内で頼む ……… 15
機内で過ごす ……… 14
「機内で」のやりとり ……… 16

空港で
「空港で」の単語 ……… 18
入国審査 ……… 21
空港でたずねる ……… 20
「空港で」のやりとり ……… 22

「機内で」の単語

機内で頼みたいときは、このフレーズ！

コーヒーをください。
Un caffè, per favore.
ウン カッフェー ペル ファヴォーレ

機内食 **il servizio a bordo** イル セルヴィツィオ ア ボルド	水(ガスなし) *代わりに non gassata (ノン ガッサータ)も使える **dell'acqua naturale*** デッラックァ ナトゥラーレ	
水(ガス入り) **dell'acqua gassata** デッラックァ ガッサータ	オレンジジュース **un succo d'arancia** ウン スッコ ダランチャ	コーヒー **un caffè** ウン カッフェー
リンゴジュース **un succo di mela** ウン スッコ ディ メラ	コーラ **una coca-cola** ウナ コカコーラ	スナック菓子 **uno spuntino** ウノ スプンティーノ
日本茶 **un té verde** ウン テ ヴェルデ	氷入りで **con ghiaccio** コン ギャッチョ	氷なしで **senza ghiaccio** センツァ ギャッチョ
赤ワイン **del vino rosso** デル ヴィノ ロッソ	白ワイン **del vino bianco** デル ヴィノ ビャンコ	紅茶 **un té** ウン テ
	ビール **una birra** ウナ ビッラ	和食 **la cucina giapponese** ラ クチーナ ジャッポネーゼ
牛肉 **il manzo** イル マンゾ	鶏肉 **il pollo** イル ポッロ	豚肉 **il maiale** イル マヤーレ / 魚 **il pesce** イル ペシェ

機内で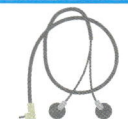

機内で **a bordo** ア ボルド	アイマスク **la mascherina** ラ マスケリーナ	ヘッドホン **le cuffie** レ クッフィエ

毛布 **la coperta** ラ コペルタ	枕 **il cuscino** イル クシーノ	新聞 **il giornale** イル ジョルナーレ

エチケット袋 **il sacchetto per il vomito** イル サッケット ペル イル ヴォーミト	雑誌 **la rivista** ラ リヴィスタ

入国カード **la carta d'ingresso** ラ カルタ ディングレッソ	税関申告書 **il modulo di dichiarazione doganale** イル モードゥロ ディ ディキャラツィオーネ ドガナーレ

窓側席 **il finestrino** イル フィネストリーノ	通路側席 **il corridoio** イル コッリドーイオ	手荷物 **il bagaglio a mano** イル バガーリョ ア マノ

荷物棚
il vano bagagli
イル ヴァノ バガーリ

化粧室
la toilette
ラ トゥアレッテ

機内アナウンス **avvisi a bordo** アッヴィーズィ ア ボルド	離陸 **il decollo** イル デコッロ	着陸 **l'atterraggio** ラッテッラッジョ

シートベルト **le cinture di sicurezza** レ チントゥーレ ディ スィクレッツァ	非常口 **l'uscita di emergenza** ルシータ ディ エメルジェンツァ

出発する

移動する

泊まる

食べる

買う

見る・遊ぶ

機内で過ごす

～の調子が悪いのですが。
～ non funziona.
～ ノン　フンツィオーナ

TVモニター	ヘッドホン	リモコン	読書灯
il monitor	**le cuffie**[*]	**il telecomando**	**la luce**
イル　モニトル	レ　クッフィエ	イル　テレコマンド	ラ　ルチェ

テーブル	リクライニング
il tavolino	**il sedile reclinabile**
イル　タヴォリーノ	イル　セディーレ　レクリナービレ

*のついた単語には、～ non funzionano(ノン　フンツィオーナノ)を使います。

～してもいいですか？
Posso ～?
ポッソ ～

席を替わってもらう
cambiare posto
カンビャーレ　ポスト

あそこの空いている席に移る	席を倒す
occupare quel posto vuoto	**reclinare il sedile**
オックパーレ　クェル　ポスト　ヴオート	レクリナーレ　イル　セディーレ

～はありますか？
Avete ～?
アヴェーテ ～

胃薬	下痢止め
farmaci per il mal di stomaco	**farmaci per la diarrea**
ファールマチ　ペル　イル　マル　ディ　ストーマコ	ファールマチ　ペル　ラ　ディアッレーア

免税品の機内販売
articoli di duty free in vendita a bordo
アルティーコリ　ディ　ディウティ　フリー　イン　ヴェンディタ　ア　ボルド

機内で頼む

~してもらえますか？
Potrebbe ~ ?
ポトレッベ ~

これを片付ける
portarlo via
ポルタールロ ヴィア

寝ていたので食事を持ってくる
riportarmi il pasto perché stavo dormendo
リポルタールミ イル パスト ペルケー スターヴォ ドルメンド

背もたれを元に戻す
riportare il sedile in posizione verticale
リポルターレ イル セディーレ イン ポズィツィオーネ ヴェルティカーレ

この荷物を入れる	あの荷物を出す
mettere dentro il bagaglio	**tirare fuori il bagaglio**
メッテレ デントロ イル バガーリョ	ティラーレ フオーリ イル バガーリョ

前を失礼します。
Permesso.
ペルメッソ

それは無料ですか？
È gratis?
エ グラーティス

間違ってコールボタンを押してしまいました。
Ho premuto il tasto di chiamata per errore.
オ プレムート イル タスト ディ キャマータ ペル エッローレ

「機内で」のやりとり

ここは私の席のはずですが。
Scusi, questo sarebbe il mio posto.
スクーズィ クェスト サレッベ イル ミオ ポスト

荷物をしまうスペースがありません。
Non c'è posto per il mio bagaglio.
ノン チェ ポスト ペル イル ミオ バガーリョ

席を替えてもらいたいのですが。
Vorrei cambiare posto.
ヴォッレーイ カンビャーレ ポスト

〜を頼んだのですが。
Avevo chiesto 〜.
アヴェーヴォ キェスト 〜

冷房が強すぎます。
Ho freddo.
オ フレッド

席を替わりましょうか？
Vuole cambiare posto?
ヴオーレ カンビャーレ ポスト

機内で

これは失礼。
Mi scusi.
ミ スクーズィ

確認してもらいましょう。
Chiediamo conferma.
キェディアーモ コンフェルマ

あちらに置いておきます。
Lo metto lì.
ロ メット リ

こちらに置いてください。
Lo metta lì.
ロ メッタ リ

どちらの席がよろしいですか？
Quale posto preferisce?
クァーレ ポスト プレフェリシェ

あいにくですが、お移りになれません。
Non è possibile, mi dispiace.
ノン エ ポッスィービレ ミ ディスピャーチェ

ただ今、お持ちします。
Lo porto subito.
ロ ポルト スービト

少々お待ちください。
Attenda un momento, prego.
アッテンダ ウン モメント プレーゴ

毛布を持ってきましょうか？
Vuole un'altra coperta?
ヴオーレ ウン アルトラ コペルタ

調節してみましょう。
Le regolo l'aria condizionata.
レ レーゴロ ラリア コンディツィオナータ

ええ、ありがとうございます。
Sì, grazie.
スィ グラッツィエ

いえ、大丈夫ですよ。
No, grazie.
ノ グラッツィエ

出発する | 移動する | 泊まる | 食べる | 買う | 見る・遊ぶ

17

「空港で」の単語

空港でたずねるときは、このフレーズ！

両替所はどこですか？
Dov'è il cambio valute?
ドヴェー イル カンビョ ヴァルーテ

空港 l'aeroporto ラエロポールト	搭乗口（ゲート） il gate / il cancello イル ゲイツ / イル カンチェッロ	ターミナル il terminal イル テルミナル

チェックインカウンター il banco accettazioni イル バンコ アッチェッタツィオーニ	両替所 il cambio valute イル カンビョ ヴァルーテ

免税店 il duty free イル ディウティ フリー	免税手続所 lo sportello rimborsi IVA ロ スポルテッロ リンボルスィ イヴァ

案内所 l'ufficio informazioni ルッフィーチョ インフォルマツィオーニ	手荷物預かり所 il deposito bagagli イル デポーズィト バガーリ

喫煙所 l'area fumatori ラーレア フマトーリ	授乳室 la nursery ラ ナルセリ	待ち合わせ場所 la sala d'attesa ラ サラ ダッテーザ

レストラン il ristorante イル リストランテ	カフェ il bar イル バル	トイレ la toilette ラ トゥアレッテ

遺失物取扱所 l'ufficio oggetti smarriti ルッフィーチョ オッジェッティ ズマッリーティ	セキュリティゲート il metal detector イル メタル デテクトル

空港で

到着 arrivi
アッリーヴィ

パスポート
il passaporto
イル　パッサポルト

入国管理
l'immigrazione
リッミグラツィオーネ

入国カード
la carta d'ingresso
ラ　カルタ　ディングレッソ

手荷物預かり証
la ricevuta di deposito
ラ　リチェヴータ　ディ　デポーズィト

手荷物紛失
il bagaglio smarrito
イル　バガーリョ　ズマッリート

手荷物受取所
il ritiro bagagli
イル　リティーロ　バガーリ

カート
il carrello
イル　カッレッロ

税関
la dogana
ラ　ドガーナ

検疫
la quarantena
ラ　クァランテーナ

出発 partenze
パルテンツェ

搭乗券
la carta d'imbarco
ラ　カルタ　ディンバルコ

搭乗時間
l'orario d'imbarco
ロラーリオ　ディンバルコ

搭乗手続き
il check-in
イル　チェッキン

国内線
i voli nazionali
イ　ヴォリ　ナツィオナーリ

国際線
i voli internazionali
イ　ヴォリ　インテルナツィオナーリ

直行便
il volo diretto
イル　ヴォロ　ディレット

乗り継ぎ便
la coincidenza
ラ　コインチデンツァ

遅延
il ritardo
イル　リタルド

便
il volo
イル　ヴォロ

重量オーバー
il bagaglio in eccesso
イル　バガーリョ　イン　エッチェッソ

預け入れ荷物
il bagaglio da imbarcare
イル　バガーリョ　ダ　インバルカーレ

空港でたずねる

~はどこですか？
Dov'è ~ ?
ドヴェー ~

~番ゲート **il gate* numero ~** イル　ゲイツ　ヌーメロ ~	*il gate の代わりに il cancello （イル カンチェッロ）を 使うこともできます。	第~ターミナル **il terminal numero ~** イル　テルミナル　ヌーメロ ~
~航空のチェックインカウンター **il banco accettazioni ~** イル　バンコ　アッチェッタツィオーニ ~		タクシー乗り場 **il posteggio taxi** イル　ポステッジョ　タクスィ

~はありますか（いますか）？
C'è ~ ?
チェ ~

~行きの空席 **un posto disponibile per ~** ウン　ポスト　ディスポニービレ　ペル ~
日本語を話す人 **qualcuno che parla giapponese** クァルクーノ　ケ　パルラ　ジャッポネーゼ

~の席にしてください。
~, per favore.
~ ペル　ファヴォーレ

窓側 **un posto finestrino** ウン　ポスト　フィネストリーノ	通路側 **un posto corridoio** ウン　ポスト　コッリドイオ
最前列 **in prima fila** イン　プリーマ　フィラ	出口の近く **vicino all'uscita** ヴィチーノ　アッルシータ

入国審査

空港で

旅行の目的は？
Qual è lo scopo della Sua visita?
クァレー ロ スコポ デッラ スア ヴィズィタ

観光です。
Turismo.
トゥリズモ

仕事です。
Lavoro.
ラヴォーロ

滞在期間は？
Per quanto tempo intende fermarsi?
ペル クァント テンポ インテンデ フェルマルスィ

☞ 数字の読み方 p.113

～日間です。
Per ～ giorni.
ペル ～ ジョルニ

～週間です。
Per ～ settimane.
ペル ～ セッティマーネ

～か月間です。
Per ～ mesi.
ペル ～ メズィ

滞在先は？
Dove soggiorna?
ドヴェ ソッジョルナ

～（ホテル）です。
All'hotel ～ .
アッロテル ～

帰りのチケットはありますか？
Ha un biglietto di ritorno?
ア ウン ビリェット ディ リトルノ

はい、これです。
Sì, eccolo.
スィ エッコロ

いいえ、これから買います。
No, lo comprerò in seguito.
ノ ロ コンプレロー イン セグイト

並んでいますか？
È in fila?
エ イン フィラ

急いでいるので、先に並ばせていただけますか？
Sono di fretta, potrebbe farmi passare?
ソノ ディ フレッタ ポトレッベ ファルミ パッサーレ

出発する | 移動する | 泊まる | 食べる | 買う | 見る・遊ぶ

「空港で」のやりとり

荷物が出てきません。これが預かり証です。
Il mio bagaglio è andato perso.
Ecco la ricevuta di deposito.
イル ミオ バガーリョ エ アンダート ペルソ
エッコ ラ リチェヴータ ディ デポーズィト

見つかるまでどうしたらいいですか？
Cosa dovrei fare nel frattempo?
コーザ ドヴレーイ ファレ ネル フラッテンポ

スーツケースが壊れています。
La mia valigia è rotta.
ラ ミア ヴァリージャ エ ロッタ

〜へ行く便のキャンセル待ちをお願いします。
Vorrei essere messo sulla lista d'attesa del volo per 〜.
ヴォッレーイ エッセレ メッソ スッラ リスタ ダッテーザ デル ヴォロ ペル 〜

重量制限をオーバーしているので、超過料金をいただきます。
Deve pagare per il bagaglio in eccesso.
デヴェ パガーレ ペル イル バガーリョ イン エッチェッソ

空港で

滞在先を教えてください。
Dove alloggia?
ドヴェ アッロッジャ

~空港にあります。
È all'aeroporto di ~.
エ アッラエロポルト ディ ~

これをお使いください。
Usi questo.
ウズィ クェスト

レシートをつけて、後で請求してください。
Chieda un rimborso delle ricevute.
キェーダ ウン リンボルソ デッレ リチェヴーテ

1日~（金額）まで補償します。
Le verranno rimborsati fino a ~ euro al giorno.
レ ヴェッランノ リンボルサーティ フィノ ア ~ エウロ アル ジョルノ

保険会社に請求してください。
Faccia richiesta alla compagnia assicurativa.
ファッチャ リキェスタ アッラ コンパニーア アッスィクラティーヴァ

航空会社に請求してください。
Sporga reclamo alla compagnia aerea.
スポルガ レクラーモ アッラ コンパニーア アエレア

かしこまりました。
Va bene.
ヴァ ベネ

いちばん早い便がいいですか？
Il primo volo va bene?
イル プリーモ ヴォロ ヴァ ベネ

おいくらですか？
Quant'è?
クァンテー

今、中身を移します。
Tolgo alcune cose.
トルゴ アルクーネ コーゼ

出発する

移動する

泊まる

食べる

買う

見る・遊ぶ

2章
移動する

地下鉄・電車に乗る
「地下鉄・電車に乗る」の単語‥‥26　　切符を買う‥‥‥‥‥‥‥‥28
駅でたずねる‥‥‥29　　「地下鉄・電車に乗る」のやりとり‥‥‥30

タクシー・バスなどに乗る
「タクシー・バスなどに乗る」の単語‥‥‥‥‥‥32
タクシー・バスなどに乗る‥‥‥‥‥‥‥‥‥‥34
タクシーでお願いする‥‥‥‥‥‥‥‥‥‥‥‥34
「タクシー・バスなどに乗る」のやりとり‥‥‥36

道をたずねる
「道をたずねる」の単語‥‥‥‥38　　場所をたずねる‥‥‥‥‥‥40
道をたずねる‥‥‥‥‥‥‥41　　「道をたずねる」のやりとり‥‥42

「地下鉄・電車に乗る」の単語

地下鉄・電車に乗るときは、このフレーズ！

> 往復（切符）をお願いします。
> # Andata e ritorno, per favore.
> アンダータ エ リトルノ ペル ファヴォーレ

切符 **biglietti** ビリェッティ	〜発 **da 〜** ダ 〜	〜行き **a 〜** ア 〜	片道 **(sola) andata** （ソラ）アンダータ	料金 **la tariffa** ラ タリッファ

往復 **andata e ritorno** アンダータ エ リトルノ	座席予約 **la prenotazione posti** ラ プレノタツィオーネ ポスティ	窓口 **il finestrino** イル フィネストリーノ

自動発券機 **la biglietteria automatica** ラ ビリェッテリーア アウトマーティカ	クレジットカード **la carta di credito** ラ カルタ ディ クレーディト

目的地 **la destinazione** ラ デスティナツィオーネ	路線図 **la cartina** ラ カルティーナ	時刻表 **gli orari** リ オラーリ

1等車 **la prima classe** ラ プリーマ クラッセ	2等車 **la seconda classe** ラ セコンダ クラッセ	個室 **lo scompartimento** ロ スコンパルティメント

寝台車 **il vagone letto** イル ヴァゴーネ レット	1日券 **il biglietto giornaliero** イル ビリェット ジョルナリエーロ

ユーレイルパス **l'Eurail pass** レウレイル パス	*イタリアをはじめ、ユーレイルに加盟するヨーロッパの鉄道会社で利用できる鉄道パス	刻印機 **l'obliteratrice** ロブリテラトリーチェ

地下鉄・電車に乗る

駅 **la stazione** ラ スタツィオーネ	改札口 **il tornello** イル トルネッロ	出口 **l'uscita** ルシータ
駅員 **il ferroviere** イル フェッロヴィエーレ	乗り換え **il cambio** イル カンビョ	売店 **il chiosco** イル キョスコ

列車 **il treno** イル トレーノ	ユーロスター **Eurostar** エウロスタル	地下鉄 **la metropolitana** ラ メトロポリターナ
インテルシティ **Intercity** インテルズィティ *主要都市間を結ぶ列車	トラム **il tram** イル トラム	ホーム **il binario** イル ビナーリョ

急行 **espresso** エスプレッソ	各駅停車 **locale** ロカーレ	検札 **il controllo biglietti** イル コントロッロ ビリェッティ
自由席 **il posto libero** イル ポスト リベロ		指定席 **il posto riservato** イル ポスト リゼルヴァート
始発 **il primo treno** イル プリーモ トレーノ		終電 **l'ultimo treno** ルールティモ トレーノ
定刻 **l'orario** ロラーリオ	遅延 **il ritardo** イル リタルド	スト **lo sciopero** ロ ショペロ

切符を買う

~の切符をください。
Un biglietto ~, per favore.
ウン ビリェット ~ ペル ファヴォーレ

📖 数字の読み方 p.113

~行き	~日	~時…分発
per ~	**per il ~**	**con partenza alle ~ e ...**
ペル ~	ペル イル ~	コン パルテンツァ アッレ ~ エ …

列車番号~	2等車
per il treno numero ~	**di seconda classe**
ペル イル トレーノ ヌーメロ ~	ディ セコンダ クラッセ

大人	小人
adulti	**bambini**
アドゥルティ	バンビーニ

~をしたいのですが。
Vorrei ~.
ヴォッレーイ ~

	~行きの予約
	prenotare un biglietto per ~
	プレノターレ ウン ビリェット ペル ~

予約の変更	途中下車
cambiare la mia prenotazione	**fare una sosta**
カンビャーレ ラ ミア プレノタツィオーネ	ファレ ウナ ソスタ

この切符の払い戻し	精算
il rimborso del biglietto	**pagare la differenza**
イル リンボルソ デル ビリェット	パガーレ ラ ディッフェレンツァ

駅でたずねる

地下鉄・電車に乗る

> ～はどこですか？
> **Dov'è ～ ?**
> ドヴェー ～

～番ホーム	～に一番近い出口
il binario ～	**l'uscita più vicina a ～**
イル　ビナーリョ ～	ルシータ　ピュー　ヴィチーナ　ア ～

> ～はありますか？
> **C'è ～ ?**
> チェ ～

個室寝台	食堂車
una cuccetta	**il vagone ristorante**
ウナ　クッチェッタ	イル　ヴァゴーネ　リストランテ
	空席
	un posto disponibile
	ウン　ポスト　ディスポニービレ

> この電車は～に停まりますか？
> **Questo treno ferma a ～ ?**
> クェスト　トレーノ　フェルマ　ア ～

> ～行きはどれですか？
> **Quale va a ～ ?**
> クァレ　ヴァ　ア ～

> ～行きの電車はまだ到着していませんか？
> **Il treno per ～ è già arrivato?**
> イル　トレーノ　ペル ～ エ　ジャ　アッリヴァート

「地下鉄・電車に乗る」のやりとり

~に行きたいのですが。
Vorrei andare a ~ .
ヴォッレーイ アンダーレ ア ~

切符の買い方がわからないのですが。
Non so come comprare il biglietto.
ノン ソ コメ コンプラーレ イル ビリェット

切符を失くしてしまいました。
Ho perso il mio biglietto.
オ ペルソ イル ミオ ビリェット

列車に忘れ物をしてしまいました。
Ho perso qualcosa sul treno.
オ ペルソ クァルコーザ スル トレーノ

乗り遅れてしまいました。
Ho perso il treno.
オ ペルソ イル トレーノ

払い戻しいたしましょうか?
Vuole un rimborso?
ヴオーレ ウン リンボルソ

乗り過ごしてしまいました。
Ho passato la mia fermata.
オ パッサート ラ ミア フェルマータ

地下鉄・電車に乗る

～に乗って…で降りてください。
Prenda ～ e scenda a ...
プレンダ ～ エ シェンダ ア …

～で…に乗り換えてください。
A ～ cambi per ...
ア ～ カンビ ペル …

どこまでですか？
Per dove?
ペル ドヴェ

ここにお金を入れてください。
Metta i soldi qui.
メッタ イ ソルディ クィ

この紙幣は使えませんよ。
Non può usare questa banconota.
ノン プオー ウザーレ クェスタ バンコノータ

どこから乗車されましたか？
Dove è salito?
ドヴェ エ サリート

～ユーロをいただきます。
Deve pagare ～ euro.
デヴェ パガーレ ～ エウロ

遺失物取扱所に行ってみてください。
Vada all'ufficio oggetti smarriti.
ヴァダ アッルフィーチョ オッジェッティ ズマッリーティ

連絡先を教えてください。
Il suo indirizzo, per favore.
イル スオ インディリッツォ ペル ファヴォーレ

別のチケットをお取りしますか？
Vuole fare un altro biglietto?
ヴォーレ ファレ ウン アルトロ ビリェット

～に乗って戻ってください。
Prenda ～ e torni indietro.
プレンダ ～ エ トルニ インディエトロ

どこで降りるはずだったんですか？
Dove sarebbe dovuto scendere?
ドヴェ サレッベ ドヴート シェンデレ

出発する | 移動する | 泊まる | 食べる | 買う | 見る・遊ぶ

「タクシー・バスなどに乗る」の単語

タクシー・バスなどに乗るときは、このフレーズ！

この住所までお願いします。
Mi porti a questo indirizzo, per favore.
ミ　ポルティ　ア　クェスト　インディリッツォ　ペル　ファヴォーレ

タクシー **taxi** タクスィ	～まで **a ～** ア ～	現金 **i contanti** イ　コンタンティ	おつり **il resto** イル　レスト

クレジットカード
la carta di credito
ラ　カルタ　ディ　クレーディト

荷物
i bagagli
イ　バガーリ

トランク
il bagagliaio
イル　バガリャイオ

メーター
il tassametro
イル　タッサーメトロ

料金
la tariffa
ラ　タリッファ

割増料金
il supplemento
イル　スップレメント

領収書
la ricevuta
ラ　リチェヴータ

チップ
la mancia
ラ　マンチャ

タクシー運転手
il tassista
イル　タッスィスタ

タクシー乗り場
la stazione dei taxi
ラ　スタツィオーネ　デイ　タクスィ

空車
libero
リベロ

回送
fuori servizio
フオーリ　セルヴィツィオ

ゆっくり
piano
ピァノ

速く
veloce
ヴェローチェ

近道
la scorciatoia
ラ　スコルチャトイア

タクシー・バスなどに乗る

バス **autobus** アウトブス	バス停 **la fermata** ラ　フェルマータ	バスターミナル **l'autostazione** ラウトスタツィオーネ
～行き **per ～** ペル ～	大人 **adulti** アドゥルティ	小人 **bambini** バンビーニ
運賃 **la tariffa** ラ　タリッファ	長距離バス **il pullman** イル　プルマン	バス運転手 **l'autista** ラウティスタ
市内バス **urbano** ウルバーノ	路線図 **la cartina** ラ　カルティーナ	ブザー **il campanello** イル　カンパネッロ
回数券 **il biglietto multiplo** イル　ビリェット　ムルティプロ		

乗り物 **mezzi di trasporto** メッズィ　ディ　トゥラスポルト	レンタサイクル **la bicicletta a noleggio** ラ　ビチクレッタ　ア　ノレッジョ	
スクーター **lo scooter** ロ　スクーテル	船 **la nave** ラ　ナヴェ	フェリー **il traghetto** イル　トラゲット
ケーブルカー **la funivia** ラ　フニヴィーア	ヴァポレット **il vaporetto** イル　ヴァポレット ＊ヴェネツィアの水上バス	

タクシー・バスなどに乗る

> ～はどこですか？
> **Dov'è ～?**
> ドヴェー ～

最寄りのタクシー乗り場 **la fermata dei taxi più vicina** ラ フェルマータ デイ タクスィ ピュー ヴィチーナ	切符売り場 **la biglietteria** ラ ビリェッテリーア
バス停 **la fermata dell'autobus** ラ フェルマータ デッラウトブス	案内所 **l'ufficio informazioni** ルッフィーチョ インフォルマツィオーニ

> ～をいただけますか？
> **Mi può dare ～?**
> ミ プオー ダレ ～

領収書 **una ricevuta** ウナ リチェヴータ	路線図 **una cartina** ウナ カルティーナ

タクシーでお願いする

> ～までお願いします。
> **Mi porti ～, per favore.**
> ミ ポルティ ～ ペル ファヴォーレ

この住所 **a questo indirizzo** ア クェスト インディリッツォ	～ホテル **all'hotel ～** アッロテル ～	～駅 **alla stazione di ～** アッラ スタツィオーネ ディ ～

～空港 **all'aeroporto ～** アッラエロポルト ～	～広場 **a piazza ～** ア ピャッツァ ～	～通り **in via ～** イン ヴィア ～	～美術館 **al museo ～** アル ムゼーオ ～

タクシー・バスなどに乗る

ここで〜待っていてもらえますか？
Può aspettare qui per 〜?
プオー アスペッターレ クィ ペル 〜

ちょっと	2、3分	〜分くらい
un po'	**un paio di minuti**	**circa 〜 minuti**
ウン ポ	ウン パイオ ディ ミヌーティ	チルカ 〜 ミヌーティ

〜してもらえますか？
Può 〜?
プオー 〜

〜に行く
portarmi a 〜
ポルタルミ ア 〜

メーターをつける	少し急ぐ
accendere il tassametro	**andare un po' più veloce**
アッチェンデレ イル タッサーメトロ	アンダーレ ウン ポ ピュー ヴェローチェ

もっとゆっくり走る	近道を行く
andare più piano	**prendere una scorciatoia**
アンダーレ ピュー ピャノ	プレンデレ ウナ スコルチャトイア

ここで止める	トランクを開ける
fermarsi qui	**aprire il bagagliaio**
フェルマルスィ クィ	アプリーレ イル バガリャイオ

おつりが間違っています。
Il resto è sbagliato.
イル レスト エ スバリャート

ここで降ります。
Scendo qui.
シェンド クィ

「タクシー・バスなどに乗る」のやりとり

～までいくらかかりますか？
Quant'è fino a ～?
クァンテー フィノ ア ～

～まで、どれくらいかかりますか？
Quanto ci vuole fino a ～?
クァント チ ヴオーレ フィノ ア ～

～へ行くには何番のバスに乗ればいいですか？
Quale autobus devo prendere per ～?
クァレ アウトブス デヴォ プレンデレ ペル ～

切符は車内でも買えますか？
Posso fare il biglietto a bordo?
ポッソ ファレ イル ビリェット ア ボルド

このバスは～に行きますか？
Questo autobus va a～?
クェスト アウトブス ヴァ ア ～

降りるときは、どうするんですか？
Cosa faccio quando devo scendere?
コーザ ファッチョ クァンド デヴォ シェンデレ

タクシー・バスなどに乗る

~ユーロくらいです。
Circa ~ euro.
チルカ ~ エウロ

~分くらいです。
Circa ~ minuti.
チルカ ~ ミヌーティ

混雑状況によります。
Dipende dal traffico.
ディペンデ ダル トラッフィコ

~番です。
Il numero ~.
イル ヌーメロ ~

~番に乗って、…で~番に乗り換えてください。
Prenda il numero ~ e a ... prenda il numero ~.
プレンダ イル ヌーメロ ~ エ ア … プレンダ イル ヌーメロ ~

はい。
Sì.
スィ

いいえ、乗る前に購入してください。
No, deve farlo prima di salire.
ノ デヴェ ファルロ プリーマ ディ サリーレ

はい。
Sì.
スィ

いいえ、行きません。
No.
ノ

~で…に乗り換えてください。
A ~ cambi per ...
ア ~ カンビ ペル …

着いたら教えてあげますよ。
La avverto io quando arriva.
ラ アッヴェルト イオ クアンド アッリヴァ

ボタンを押すだけです。
Prema il bottone.
プレーマ イル ボットーネ

「道をたずねる」の単語

道をたずねるときは、このフレーズ！

> スペインひろばはどこですか？
> **Dov'è Piazza di Spagna?**
> ドヴェー ピャッツァ ディ スパニャ

場所 **luoghi** ルオーギ	～通り **Via ～** ヴィア ～	～広場 **Piazza ～** ピャッツァ ～	～駅 **la Stazione ～** ラ スタツィオーネ ～

～大聖堂
il Duomo di ～
イル ドゥオーモ ディ ～

～教会
la Chiesa di ～
ラ キエーザ ディ ～

～美術館・博物館 **il Museo ～** イル ムゼーオ ～	～劇場 **il Teatro ～** イル テアトロ ～	～公園 **Parco ～** パルコ ～

～城 **il Castello ～** イル カステッロ ～	～宮殿 **Palazzo ～** パラッツォ ～	塔 **la torre** ラ トッレ

銀行 **la banca** ラ バンカ	郵便局 **l'ufficio postale** ルッフィーチョ ポスターレ	

バス停 **la fermata dell'autobus** ラ フェルマータ デッラウトブス	タバコ屋 **la tabaccheria** ラ タバッケリーア

薬局 **la farmacia** ラ ファルマチーア	交番 **il posto di polizia** イル ポスト ディ ポリツィア	街の中心部 **il centro** イル チェントロ

38

道をたずねる

| 方向 **direzioni** ディレツィオーニ | まっすぐ **dritto** ドリット | 右に **a destra** ア デストラ | 左に **a sinistra** ア スィニストラ |

~の突き当たり
in fondo a ~
イン フォンド ア ~

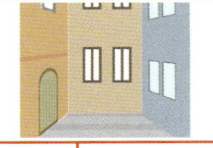

反対側
dal lato opposto
ダル ラト オッポスト

| 途中 **a un certo punto** ア ウン チェルト プント | あっち **di là** ディ ラ | こっち **di qua** ディ クァ |

| ここ **qui** クィ | そこ **lì / là** リ / ラ | 上 **sopra** ソプラ | 下 **sotto** ソット |

| 手前 **davanti** ダヴァンティ | 裏 **dietro** ディエトロ | 前(正面) **di fronte** ディ フロンテ |

| 歩行 **camminando** カッミナンド | 信号 **semaforo** セマーフォロ | 看板 **insegna** インセニャ |

横断歩道
strisce pedonali
ストリシェ ペドナーリ

交差点
incrocio
インクローチョ

目印
punto di riferimento
プント ディ リフェリメント

出発する / 移動する / 泊まる / 食べる / 買う / 見る・遊ぶ

場所をたずねる

> ～はどこですか？
> **Dov'è ～?**
> ドヴェー ～

最寄り駅	日本大使館
la stazione più vicina ラ スタツィオーネ ピュー ヴィチーナ	**l'Ambasciata giapponese** ランバシャータ ジャッポネーゼ

> この近くに～はありますか？
> **C'è ～ qui vicino?**
> チェ ～ クィ ヴィチーノ

レストラン	カフェ
un ristorante ウン リストランテ	**un caffè** ウン カッフェー

バール	～というお店	両替所
un bar ウン バル	**un negozio che si chiama ～** ウン ネゴツィオ ケ スィ キャーマ ～	**un cambio** ウン カンビョ

観光案内所	タクシー乗り場
un ufficio del turismo ウン ウッフィーチョ デル トゥリスモ	**una fermata dei taxi** ウナ フェルマータ デイ タクスィ

> ～ですか？
> **È ～?**
> エ ～

近い	遠い	すぐそこ
vicino ヴィチーノ	**lontano** ロンターノ	**vicinissimo** ヴィチニッスィモ

こっち	あっち	右側	左側
di qua ディ クァ	**di là** ディ ラ	**sulla destra** スッラ デストラ	**sulla sinistra** スッラ スィニストラ

道をたずねる

～すればいいですか？
Devo ～ ?
デヴォ ～

まっすぐ行く	右に曲がる	左に曲がる
andare dritto	**girare a destra**	**girare a sinistra**
アンダーレ ドリット	ジラーレ ア デストラ	ジラーレ ア スィニストラ

1（2 / 3）つ目の角を曲がる
girare alla prima (seconda / terza)
ジラーレ アッラ プリーマ（セコンダ / テルザ）

通りを渡る	引き返す
attraversare la strada	**tornare indietro**
アットラヴェルサーレ ラ ストラーダ	トルナーレ インディエートロ

ここは何という～ですか？
Come si chiama questa ～ ?
コメ スィ キャーマ クエスタ ～

広場
piazza
ピャッツァ

通り
strada
ストラーダ

道に迷ってしまいました。
Mi sono perso.＊
ミ ソノ ペルソ

＊女性が言うときは Mi sono persa.
（ミ ソノ ペルサ）を使います。

ご親切にどうも。
Molto gentile.
モルト ジェンティーレ

「道をたずねる」のやりとり

~への行き方を教えてもらえますか?
Mi può dire come arrivare a ~ ?
ミ プオー ディーレ コメ アッリヴァーレ ア~

目印はありますか?
C'è un punto di riferimento?
チェ ウン プント ディ リフェリメント

ここから歩いてどのくらいかかりますか?
Quanto ci vuole a piedi da qui?
クァント チ ヴオーレ ア ピエーディ ダ クイ

どうやって行くのがいちばん早いですか?
Qual è il modo più veloce per andare?
クァル エ イル モド ピュー ヴェローチェ ペル アンダーレ

(地図を指して)ここにはどうやって行けばいいですか?
Come posso andare qui?
コメ ポッソ アンダーレ クィ

1(2 / 3)つ目の角を右(左)に曲がってください。
Giri alla prima (seconda / terza) a destra (sinistra).
ジリ アッラ プリーマ(セコンダ / テルツァ)
ア デストラ(スィニストラ)

道をたずねる

いいですよ。
Sì, certo.
スィ チェルト

私についてきてください。
Mi segua.
ミ セグア

わかりません。
Non lo so.
ノン ロ ソ

あの建物です。
Quell'edificio.
クェッレディフィーチョ

あの看板です。
Quell'insegna.
クェッリンセーニャ

特にありません。
Veramente no.
ヴェラメンテ ノ

すぐそこですよ。
È vicinissimo.
エ ヴィチニッスィモ

〜分くらいです。
Circa 〜 minuti.
チルカ 〜 ミヌーティ

歩いて行くのは無理ですよ。
Non ci può andare a piedi.
ノン チ プオー アンダーレ ア ピェーディ

地下鉄です。
In metro.
イン メトロ

バスです。
In autobus.
イン アウトブス

タクシーです。
In taxi.
イン タクスィ

歩きです。
A piedi.
ア ピェーディ

通りを渡ってください。
Attraversi la strada.
アットラヴェルスィ ラ ストラーダ

まっすぐ行ってください。
Vada dritto.
ヴァダ ドリット

道なりに行ってください。
Segua la strada.
セグァ ラ ストラーダ

出発する | 移動する | 泊まる | 食べる | 買う | 見る・遊ぶ

3章
泊まる

フロントで
「フロントで」の単語 ……46　　　フロントでお願いする ……48
フロントでたずねる ……49　　　「フロントで」のやりとり ……50

ホテルのサービス
「ホテルのサービス」の単語 ……52　　　サービスを頼む ……54
「ホテルのサービス」のやりとり ……56

ホテルでのトラブル
「ホテルでのトラブル」の単語 ……58
苦情・困っていることを伝える ……60
「ホテルでのトラブル」のやりとり ……62

「フロントで」の単語

フロントでお願いするときは、このフレーズ！

チェックインをお願いします。
Vorrei fare il check in.
ヴォッレーイ　ファレ　イル　チェック　イン

チェックイン / チェックアウト check in / check out チェック　イン / チェック　アウッ		ホテル l'albergo / l'hotel ラルベルゴ / ロテル
フロント la reception ラ　レセプション	部屋 la stanza / la camera ラ　スタンツァ / ラ　カメラ	〜泊　*2泊以上は〜 notti（ノッティ） per 〜 notte ペル 〜 ノッテ
ルームキー la chiave ラ　キャーヴェ	1人 per una persona ペル　ウナ　ペルソーナ	2人 per due persone ペル　ドゥエ　ペルソーネ
	シングル la singola ラ　スィンゴラ	ダブル la matrimoniale ラ　マトリモニャーレ	ツイン la doppia ラ　ドッピャ
バスタブ付き con vasca da bagno コン　ヴァスカ　ダ　バニョ		共同トイレ・バス bagno in comune バニョ　イン　コムーネ
バス・トイレ付き con bagno コン　バニョ	シャワー付き con doccia コン　ドッチャ	1つ星 a una stella ア　ウナ　ステッラ
5(4 / 3 / 2)つ星 a cinque (quattro / tre / due) stelle ア　チンクェ（クァットロ / トレ / ドゥエ）　ステッレ		

フロントで

クレジットカード	**la carta di credito**	ラ カルタ ディ クレーディト
サイン	**la firma**	ラ フィルマ
パスポート	**il passaporto**	イル パッサポルト
予約	**la prenotazione**	ラ プレノタツィオーネ
宿泊カード	**il modulo di registrazione**	イル モドゥロ ディ レジストラツィオーネ
宿泊料金	**la tariffa di soggiorno**	ラ タリッファ ディ ソッジョルノ
前金	**l'anticipo**	ランティーチポ
領収書	**la ricevuta**	ラ リチェヴータ
部屋番号	**il numero di stanza**	イル ヌーメロ ディ スタンツァ
〜階	**〜 piano**	〜 ピャノ
到着日	**l'arrivo**	ラッリーヴォ
出発日	**la partenza**	ラ パルテンツァ
空室	**la camera libera**	ラ カメラ リーベラ

ホテルスタッフ
il personale dell'albergo
イル ペルソナーレ デッラルベルゴ

フロント係	**il receptionist**	イル レセプティオニスツ *女性ならilでなくla(ラ)
ベルボーイ	**il fattorino**	イル ファットリーノ
ドアマン	**il portiere**	イル ポルティエーレ
客室係	**la cameriera**	ラ カメリエーラ
コンシェルジュ	**il concierge**	イル コンスィエルジュ
支配人	**il direttore**	イル ディレットーレ

フロントでお願いする

> ~(の)部屋をお願いします。
> **Una stanza ~, per favore.**
> ウナ スタンツァ ~ ペル ファヴォーレ

眺めのいい	海の見える	静かな
con una bella vista	**con vista sul mare**	**tranquilla**
コン ウナ ベッラ ヴィスタ	コン ヴィスタ スル マレ	トランクィッラ

喫煙できる	低層階	上層階
fumatori	**ai piani bassi**	**ai piani alti**
フマトーリ	アイ ピャニ バッスィ	アイ ピャニ アルティ

> ~していただけますか？
> **Potrebbe ~?**
> ポトレッベ ~

タクシーを呼ぶ
chiamare un taxi
キャマーレ ウン タクスィ

チェックインまで荷物を預かる
tenere le valigie fino al check in
テネーレ レ ヴァリージェ フィノ アル チェック イン

荷物を運ぶ
portare le mie valigie
ポルターレ レ ミエ ヴァリージェ

貴重品を預かる
prendere in custodia i miei oggetti di valore
プレンデレ イン クストーディア イ ミエイ オッジェッティ ディ ヴァローレ

> ~したいのですが。
> **Vorrei ~.**
> ヴォッレーイ ~

宿泊を切り上げる
interrompere il mio soggiorno
インテッロンペレ イル ミオ ソッジョルノ

宿泊を(1泊)延長する
prolungare il mio soggiorno (di una notte)
プロロンガーレ イル ミオ ソッジョルノ (ディ ウナ ノッテ)

フロントでたずねる

フロントで

> ～はありますか（いますか）？
> ## Avete ～?
> アヴェーテ ～

～ユーロ以下の部屋
una stanza sotto ～ euro
ウナ　スタンツァ　ソット　～　エウロ

空室	日本語を話せるスタッフ
una stanza libera	**personale che parla giapponese**
ウナ　スタンツァ　リーベラ	ペルソナーレ　ケ　パルラ　ジャッポネーゼ

> ～できますか？
> ## Posso ～?
> ポッソ ～

早めにチェックインする
fare il check in anticipo
ファレ　イル　チェック　イン　アンティーチポ

遅めにチェックアウトする	予約なしで宿泊する
fare il check out più tardi	**pernottare senza prenotazione**
ファレ　イル　チェック　アウツ　ピュー　タルディ	ペルノッターレ　センツァ　プレノタツィオーネ

預けた荷物を受け取る	部屋でPCを使う
ritirare i miei bagagli	**usare il computer in camera**
リティラーレ　イ　ミエイ　バガーリ	ウザーレ　イル　コンピューテル　イン　カメラ

～号室のキーをお願いします。
Vorrei la chiave della stanza ～, per favore.
ヴォッレーイ　ラ　キャーヴェ　デッラ
スタンツァ　～　ペル　ファヴォーレ

☞ 数字の読み方　p.113

49

「フロントで」のやりとり

ここには何を書けばいいですか？
Cosa devo scrivere qui?
コーザ　デヴォ　スクリーヴェレ　クィ

外出するとき、カギを持っていってもいいですか？
Posso portare la chiave con me quando esco?
ポッソ　ポルターレ　ラ　キャーヴェ　コン　メ　クァンド　エスコ

部屋の番号を忘れてしまいました。
Ho dimenticato il numero della stanza.
オ　ディメンティカート　イル　ヌーメロ　デッラ　スタンツァ

これは何の料金ですか？
Per cos'è questa tariffa?
ペル　コゼー　クェスタ　タリッファ

サービス料です。
Il servizio.
イル　セルヴィッツィオ

金額が違います。
C'è un errore nel mio conto.
チェ　ウン　エッローレ　ネル　ミオ　コント

お支払いはどうなさいますか？
Come desidera pagare?
コメ　デズィーデラ　パガーレ

現金で。
In contanti.
イン　コンタンティ

ミニバーはお使いになりましたか？
Ha usato il minibar?
ア　ウザート　イル　ミニバル

フロントで

住所です。
L'indirizzo.
リンディリッツォ

サインしてください。
Una firma, per favore.
ウナ フィルマ ペル ファヴォーレ

国籍です。
La nazionalità.
ラ ナツィオナリター

構いませんよ。
Sì, va bene.
スィ ヴァ ベネ

いいえ、フロントにお預けください。
No, la lasci alla reception.
ノ ラ ラッシ アッラ レセプション

お名前は？
Il suo nome?
イル スオ ノメ

税金です。
Le tasse.
レ タッセ

宿泊料です。
La tariffa della stanza.
ラ タリッファ デッラ スタンツァ

朝食代です。
La colazione.
ラ コラツィオーネ

どれですか？
Dove?
ドヴェ

確認いたします。
Controllo subito.
コントロッロ スービト

クレジットカードで。
Con la carta di credito.
コン ラ カルタ ディ クレーディト

トラベラーズチェックで。
Con i traveller's cheque.
コン イ トラヴェレルス チェック

はい、〜を飲みました。
Sì, ho preso 〜.
スィ オ プレーゾ 〜

いいえ。
No.
ノ

「ホテルのサービス」の単語

ホテルのサービスを受けたいときは、このフレーズ！

両替をお願いします。
Vorrei cambiare dei soldi, per favore.
ヴォッレーイ　カンビャーレ　デイ　ソルディ　ペル　ファヴォーレ

サービス
servizi
セルヴィツィ

ルームサービス
il servizio in camera
イル　セルヴィツィオ　イン　カメラ

モーニングコール
la sveglia
ラ　ズヴェリャ

両替
il cambio
イル　カンビョ

紙幣
le banconote
レ　バンコノーテ

小銭
gli spiccioli
リ　スピッチョリ

タクシー
il taxi
イル　タクスィ

クリーニング
la lavanderia
ラ　ラヴァンデリーア

セーフティボックス
la cassaforte
ラ　カッサフォルテ

アイロンがけ
la stiratura
ラ　スティラトゥーラ

部屋の掃除
la pulizia della camera
ラ　プリツィア　デッラ　カメラ

朝食
la colazione
ラ　コラツィオーネ

コーヒーメーカー
la macchinetta da caffè
ラ　マッキネッタ　ダ　カッフェー

ファックス
il fax
イル　ファックス

コピー
fare delle fotocopie
ファレ　デッレ　フォトコーピェ

伝言
lasciare un messaggio
ラシャーレ　ウン　メッサッジョ

インターネットの接続
la connessione a internet
ラ　コンネッスィオーネ　ア　インテルネッツ

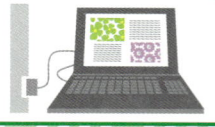

ホテルのサービス

アメニティ
articoli di cortesia
アルティコリ ディ コルテズィーア

- シャンプー **lo shampoo** ロ シャンポ
- リンス **il balsamo** イル バルサモ
- 石けん **il sapone** イル サポーネ
- 歯ブラシ **lo spazzolino da denti** ロ スパッツォリーノ ダ デンティ
- 歯磨き粉 **il dentifricio** イル デンティフリーチョ
- バスローブ **l'accappatoio** ラッカッパトイオ
- タオル **l'asciugamano** ラッシュガマーノ
- スリッパ **le ciabatte** レ チャバッテ
- シーツ **le lenzuola** レ レンツオーラ
- ポット **il thermos** イル テルモス
- 栓抜き **l'apribottiglie** ラプリボッティリェ
- コップ **il bicchiere** イル ビッキェーレ
- 変圧器 **il trasformatore** イル トラスフォルマトーレ

施設
strutture
ストルットゥーレ

- ロビー **la hall** ラ オール
- 食堂 **la sala da pranzo** ラ サラ ダ プランツォ
- ジム **la palestra** ラ パレストラ
- 駐車場 **il parcheggio** イル パルケッジョ
- プール **la piscina** ラ ピシーナ
- 美容院 **il salone di bellezza** イル サローネ ディ ベッレッツァ
- スパ **le terme** レ テルメ

サービスを頼む

~したいのですが。
Vorrei ~.
ヴォッレーイ ~

日本へ電話をかける	PCを使う
fare una chiamata in Giappone ファレ ウナ キャマータ イン ジャッポーネ	**usare il pc** ウザーレ イル ピチー

日本へ荷物を送る	インターネットに接続する
spedire un pacco in Giappone スペディーレ ウン パッコ イン ジャッポーネ	**connettermi a internet** コンネッテルミ ア インテルネツ

今夜(明朝)までにクリーニングを頼む
fare lavare questo entro stasera (domani mattina)
ファレ ラヴァーレ クェスト エントロ スタセーラ(ドマーニ マッティーナ)

シャツ(ズボン/ブラウス)にアイロンをかけてもらう
fare stirare una camicia (dei pantaloni / una camicetta)
ファレ スティラーレ ウナ カミーチャ(デイ パンタローニ/ウナ カミチェッタ)

トラベラーズチェックを現金にする
cambiare dei traveller's cheque
カンビャーレ デイ トラヴェレルス チェック

明日~時までに空港に行く
andare all'aeroporto domani entro le ~
アンダーレ アッラエロポルト ドマーニ エントロ レ ~

今夜ホテルで夕食を食べる
cenare in albergo stasera
チェナーレ イン アルベルゴ スタセーラ

ホテルのサービス

〜していただけますか？
Potrebbe 〜?
ポトレッベ 〜

〜時に起こす
svegliarmi alle 〜
ズヴェリャルミ　アッレ 〜

このレストラン（ツアー / チケット）の予約をする
prenotare questo ristorante (tour / biglietto) プレノターレ　クェスト　リストランテ（トゥール / ビリェット）

荷物を部屋まで取りにくる
andare a prendere i miei bagagli in camera アンダーレ　ア　プレンデレ　イ　ミエイ　バガーリ　イン　カメラ

円をユーロに両替する	シミ抜きをする
cambiarmi yen in euro カンビャルミ　イエン　イン　エウロ	**smacchiare** スマッキャーレ

近くのおいしいレストランを教える
consigliarmi un buon ristorante qui vicino コンスィリャルミ　ウン　ブオン　リストランテ　クィ　ヴィチーノ

料金は部屋につけておいてください。
Lo metta in conto, per favore.
ロ　メッタ　イン　コント　ペル　ファヴォーレ

お先にどうぞ。
Dopo di Lei.
ドポ　ディ　レイ

どうもありがとう。これはチップです。
Grazie mille.
Questo è per Lei.
グラッツィエ　ミッレ　クェスト　エ　ペル　レイ

出発する / 移動する / 泊まる / 食べる / 買う / 見る・遊ぶ

「ホテルのサービス」のやりとり

~を部屋まで持ってきていただけますか？
Potrebbe portare ~ in camera?
ポトレッベ ポルターレ ~ イン カメラ

かしこまりました。
Certo.
チェルト

このレストランの予約をお願いします。
Potrebbe prenotare questo ristorante?
ポトレッベ プレノターレ クェスト リストランテ

荷物を預かってもらいたいのですが。
Vorrei lasciare qui i miei bagagli.
ヴォッレーイ ラシャーレ クィ イ ミエイ バガーリ

両替をお願いします。10ユーロ札と5ユーロ札でください。
Vorrei cambiare dei soldi. In banconote da 10 e da 5 euro, per favore.
ヴォッレーイ カンビャーレ デイ ソルディ イン バンコノーテ ダ ディエチ エ ダ チンクェ エウロ ペル ファヴォーレ

これの使い方を教えてください。
Come si usa questo?
コメ スィ ウザ クェスト

ここを押すだけです。
Prema qui.
プレマ クィ

朝食は何時から何時までですか？
A che ora è la colazione?
ア ケ オラ エ ラ コラツィオーネ

ホテルのサービス

お部屋番号は？
Qual è il numero della camera?
クァレー イル ヌーメロ デッラ カメラ

少々お待ちください。
Attenda un momento.
アッテンダ ウン モメント

何名さまですか？
Per quante persone?
ペル クァンテ ペルソーネ

いつにしますか？
Quando?
クァンド

あいにくですが、承れません。
Mi dispiace, non è possibile.
ミ ディスピャーチェ ノン エ ポッスィービレ

かしこまりました。何時に戻られますか？
Certo. A che ora torna?
チェルト ア ケ オラ トルナ

かしこまりました。
Certo.
チェルト

少々お待ちください。
Attenda un momento.
アッテンダ ウン モメント

やって見せましょう。
Glielo mostro.
リェロ モストロ

～時から…時までです。
Dalle ～ alle ...
ダッレ ～ アッレ …

「ホテルでのトラブル」の単語

ホテルでのトラブルのときは、このフレーズ！

エアコンの調子がおかしいです。
Il condizionatore non funziona bene.
イル　コンディツィオナトーレ　ノン　フンツィオーナ　ベネ

設備・備品 dispositivi ディスポズィティーヴィ	エアコン **il condizionatore** イル　コンディツィオナトーレ	暖房 **il riscaldamento** イル　リスカルダメント
照明 **la luce** ラ　ルチェ	トイレ（便器） **il water** イル　ヴァテル	ビデ **il bidet** イル　ビデー
シャワー **la doccia** ラ　ドッチャ	お風呂 **il bagno** イル　バニョ	蛇口 **il rubinetto** イル　ルビネット
リモコン **il telecomando** イル　テレコマンド	テレビ **il televisore** イル　テレヴィゾーレ	目覚まし時計 **la sveglia** ラ　ズヴェリャ
ミニバー（小型冷蔵庫） **il minibar** イル　ミニバル	ドア **la porta** ラ　ポルタ	窓 **la finestra** ラ　フィネストラ

カードキー
la tessera magnetica
ラ　テッセラ　マニェーティカ

ヘアドライヤー
l'asciugacapelli / il phon
ラッシュガカペッリ / イル　フォン

コンセント
la presa
ラ　プレーザ

スイッチ
l'interruttore
リンテッルットーレ

ホテルでのトラブル

トラブル
problemi
プロブレーミ

隣(上 / 下)の部屋
la stanza accanto (di sopra / di sotto)
ラ スタンツァ アッカント(ディ ソプラ / ディ ソット)

エレベーター
l'ascensore
ラシェンソーレ

廊下
il corridoio
イル コッリドイオ

階段
le scale
レ スカレ

騒音
il rumore
イル ルモーレ

臭い
il cattivo odore
イル カッティヴォ オドーレ

水漏れ
la perdita
ラ ペルディタ

火事
l'incendio
リンチェンディオ

消火器
l'estintore
レスティントーレ

火災警報器
l'allarme antincendio
ラッラルメ アンティンチェンディオ

非常口
l'uscita di sicurezza
ルシータ ディ スィクレッツァ

停電
il blackout
イル ブレッカウツ

盗難
il furto
イル フルト

落し物
gli oggetti smarriti
リ オッジェッティ ズマッリーティ

けが
la ferita
ラ フェリータ

やけど
l'ustione
ルスティオーネ

行方不明
è scomparso
エ スコンパールソ
*行方不明者が女性なら、
è scomparsa(エ スコンパールサ)

暗証番号
il codice di sicurezza
イル コディチェ ディ スィクレッツァ

請求ミス
l'errore nel conto
レッローレ ネル コント

苦情・困っていることを伝える

〜が壊れています。
~ non funziona.
〜 ノン フンツィオーナ

部屋の鍵
la chiave della stanza
ラ キャーヴェ デッラ スタンツァ

冷蔵庫	ドアの鍵	セーフティボックス
il frigo	**la chiave della porta**	**la cassaforte**
イル フリーゴ	ラ キャーヴェ デッラ ポルタ	ラ カッサフォルテ

〜していただけますか？
Potrebbe ~ ?
ポトレッベ 〜

すぐに部屋まで来る	修理する	取り替える
venire subito	**aggiustare**	**cambiare**
ヴェニーレ スービト	アッジュスターレ	カンビャーレ

部屋を掃除する	ベッドメイキングする
pulire la stanza	**rifare il letto**
プリーレ ラ スタンツァ	リファーレ イル レット

〜が部屋にありません。
Nella mia stanza non c'è ~.
ネッラ ミア スタンツァ ノン チェ 〜

石けん
il sapone
イル サポーネ

シャンプー	タオル	トイレットペーパー
lo shampoo	**l'asciugamano**	**la carta igienica**
ロ シャンポ	ラッシュガマーノ	ラ カルタ イジェーニカ

ホテルでのトラブル

～の水が止まりません。
～ perde acqua.
～ ペルデ アックァ

シャワー	（洗面台の）蛇口	お風呂	トイレ
la doccia	**il rubinetto**	**il bagno**	**il gabinetto**
ラ ドッチャ	イル ルビネット	イル バニョ	イル ガビネット

～できません。
Non posso ～.
ノン ポッソ ～

電気をつける	インターネットに接続する
accendere la luce	**connettermi a internet**
アッチェンデレ ラ ルチェ	コンネッテルミ ア インテルネツ

目覚まし時計を設定する	セーフティボックスを開ける
puntare la sveglia	**aprire la cassaforte**
プンターレ ラ ズヴェリャ	アプリーレ ラ カッサフォルテ

鍵を閉める	窓を開ける
chiudere a chiave la porta	**aprire la finestra**
キューデレ ア キャーヴェ ラ ポルタ	アプリーレ ラ フィネストラ

もともと壊れていましたよ。
Era già rotto.
エラ ジャ ロット

「ホテルでのトラブル」のやりとり

隣の部屋がうるさいです。
La stanza accanto è rumorosa.
ラ スタンツァ アッカント エ ルモローザ

鍵を部屋に置いて出てしまいました。
Ho lasciato le chiavi dentro la stanza e sono rimasto chiuso* fuori.
オ ラシャート レ キャーヴィ デントロ ラ スタンツァ エ ソノ リマースト キューゾ フオーリ

*女性が言うときは sono rimasta chiusa ...（ソノ　リマースタ　キューザ）を使います。

鍵を失くしてしまいました。
Ho perso la chiave.
オ ペルソ ラ キャーヴェ

部屋が暖かく（涼しく）なりません。
La stanza non si riscalda (rinfresca).
ラ スタンツァ ノン スィ リスカルダ（リンフレスカ）

水が止まりません。
Non si riesce a fermare l'acqua.
ノン スィ リエシェ ア フェルマーレ ラックァ

お湯が出ません。
Non c'è acqua calda.
ノン チェ アックァ カルダ

トイレの水が流れません。
Il gabinetto non scarica.
イル ガビネット ノン スカリカ

トイレがつまってしまいました。
Il gabinetto è otturato.
イル ガビネット エ オットゥラート

ホテルでのトラブル

あいにくですが、空室がございません。
Mi dispiace ma non abbiamo camere libere.
ミ ディスピャーチェ マ ノン アッビャーモ カメレ リーベレ

部屋をお移りになりますか？
Vuole cambiare stanza?
ヴオーレ カンビャーレ スタンツァ

ただ今、開けにいきます。
Vengo a aprire.
ヴェンゴ ア アプリーレ

お名前と部屋番号は？
Il Suo nome e numero di stanza?
イル スオ ノメ エ ヌーメロ ディ スタンツァ

交換代をいただきます。
Deve pagare il duplicato.
デヴェ パガーレ イル ドゥプリカート

お名前と部屋番号は？
Il Suo nome e numero di stanza?
イル スオ ノメ エ ヌーメロ ディ スタンツァ

確認いたします。
Vengo a vedere.
ヴェンゴ ア ヴェデーレ

修理いたします。
Lo ripariamo.
ロ リパリャーモ

ほかの部屋をご用意します。
Prepariamo un'altra stanza.
プレパリャーモ ウン アルトラ スタンツァ

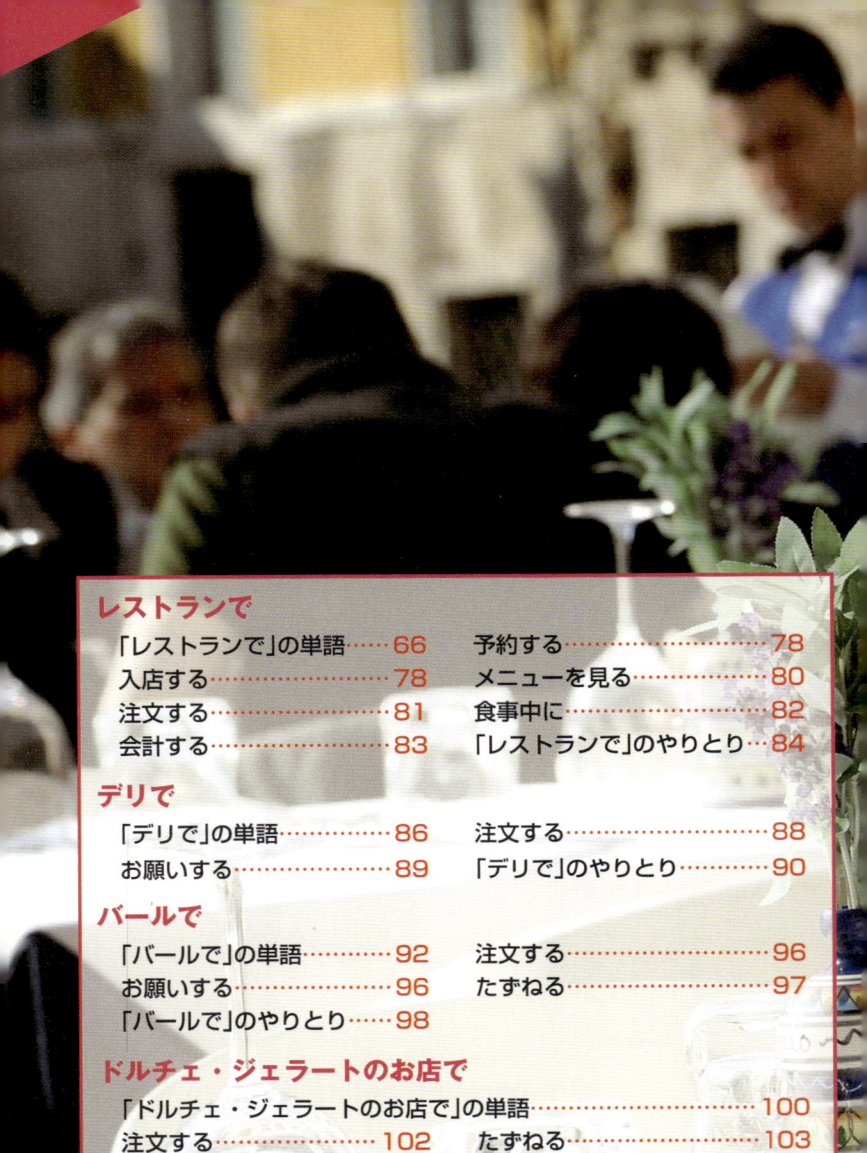

レストランで
「レストランで」の単語……66
入店する……78
注文する……81
会計する……83
予約する……78
メニューを見る……80
食事中に……82
「レストランで」のやりとり……84

デリで
「デリで」の単語……86
お願いする……89
注文する……88
「デリで」のやりとり……90

バールで
「バールで」の単語……92
お願いする……96
「バールで」のやりとり……98
注文する……96
たずねる……97

ドルチェ・ジェラートのお店で
「ドルチェ・ジェラートのお店で」の単語……100
注文する……102
「ドルチェ・ジェラートのお店で」のやりとり……104
たずねる……103

4章
食べる

「レストランで」の単語

レストランで注文するなら、このフレーズ！

メニューをお願いします。
Il menù, per favore.
イル メヌー ペル ファヴォーレ

食べる **mangiare** マンジャーレ	レストラン **il ristorante** イル リストランテ	オステリア **l'osteria** ロステリーア
トラットリア **la trattoria** ラ トラットリーア	ピッツェリア **la pizzeria** ラ ピッツェリーア	ウェイター **il cameriere** イル カメリエーレ
メニュー **il menù** イル メヌー	ワインリスト **la carta dei vini** ラ カルタ デイ ヴィニ	
テーブル **il tavolo** イル タヴォロ	いす **la sedia** ラ セディア	会計 **il conto** イル コント
クレジットカード **la carta di credito** ラ カルタ ディ クレーディト	サイン **la firma** ラ フィルマ	おつり **il resto** イル レスト
コペルト（テーブルチャージ） **il coperto** イル コペルト	パン代 **il pane** イル パネ	サービス料 **il servizio** イル セルヴィツィオ
朝食 **la colazione** ラ コラツィオーネ	昼食 **il pranzo** イル プランゾ	夕食 **la cena** ラ チェナ

レストランで

予約する **prenotare** プレノターレ	今日 **oggi** オッジ	今夜 **stasera** スタセーラ	明日 **domani** ドマーニ

～日 **il giorno ～** イル ジョルノ ～	～時 **alle ～** アッレ ～	～名 **per ～ persone** ペル ～ ペルソーネ	*2名以上の言い方。 1名なら per una persona（ペル ウナ ペルソーナ）

大人 **adulto** アドゥルト　*2人以上なら adulti（アドゥルティ）	子ども **bambino** バンビーノ　*2人以上なら bambini（バンビーニ）

席 **il posto** イル ポスト	窓際の席 **un posto accanto alla finestra** ウン ポスト アッカント アッラ フィネストラ

隅の席 **un posto nell'angolo** ウン ポスト ネッランゴロ	個室 **la sala privata** ラ サラ プリヴァータ

店内 **dentro** デントロ	外（テラス） **fuori** フオーリ

コース **le portate** レ ポルターテ	前菜 **l'antipasto** ランティパスト	プリモ・ピアット **il primo** イル プリーモ　*第1の皿

セコンド・ピアット **il secondo** イル セコンド　*第2の皿	付け合わせ **il contorno** イル コントルノ	デザート **il dolce** イル ドルチェ

出発する

移動する

泊まる

食べる

買う

見る・遊ぶ

「レストランで」の単語

レストランで注文するなら、このフレーズ！

イカスミのリゾットをお願いします。
Vorrei il risotto al nero di seppia.
ヴォッレーイ イル リゾット アル ネロ ディ セッピャ

パスタ **la pasta** ラ パスタ	スパゲッティ **gli spaghetti** リ スパゲッティ	ペンネ **le penne** レ ペンネ	ラザニア **le lasagne** レ ラザニェ
タリアテッレ **le tagliatelle** レ タリャテッレ	リングイネ **le linguine** レ リングィネ	フジッリ **i fusilli** イ フズィッリ	パッパデッレ **le pappadelle** レ パッパデッレ
トルテリーニ **i tortellini** イ トルテッリーニ		リガトーニ **i rigatoni** イ リガトーニ	カネロニ **i cannelloni** イ カンネッロニ
オレキエッテ **le orecchiette** レ オレッキエッテ		ファルファッレ **le farfalle** レ ファルファッレ	

パスタソース **il sugo** イル スゴ	トマト **al pomodoro** アル ポモドーロ		ボンゴレ **alle vongole** アッレ ヴォンゴレ
ラグー **al ragù** アル ラグー	魚介 **allo scoglio** アッロ スコリョ		カルボナーラ **alla carbonara** アッラ カルボナーラ
アラビアータ **all'arrabbiata** アラッラッビャータ	ペペロンチーノ **aglio olio e peperoncino** アリョ オリオ エ ペペロンチーノ		

レストランで

ピザ **la pizza** ラ ピッツァ	マルゲリータ **margherita** マルゲリータ	マリナーラ **marinara** マリナーラ

4種のチーズ **ai quattro formaggi** アイ クァットロ フォルマッジ		キノコ **ai funghi** アイ フンギ
4種の具 **quattro stagioni** クァットロ スタジョーニ	カルツォーネ **il calzone** イル カルツォーネ	

リゾット **il risotto** イル リゾット	イカスミ **al nero di seppia** アル ネロ ディ セッピャ	パルミジャーノチーズ **al parmigiano** アル パルミジャーノ

ニョッキ **gli gnocchi** リ ニョッキ	じゃがいも **di patate** ディ パターテ	かぼちゃ **di zucca** ディ ズッカ

スープ **la zuppa** ラ ズッパ	ミネストローネ **il minestrone** イル ミネストローネ	豆のスープ **la zuppa di fagioli** ラ ズッパ ディ ファジョーリ
魚介のスープ **la zuppa di pesce** ラ ズッパ ディ ペッシェ		野菜のスープ **la zuppa di verdure** ラ ズッパ ディ ヴェルドゥーレ

出発する / 移動する / 泊まる / 食べる / 買う / 見る・遊ぶ

「レストランで」の単語

レストランで注文するなら、このフレーズ！

サルティンボッカをください。
Prendo i saltimbocca.
プレンド　イ　サルティンボッカ

肉 **la carne** ラ　カルネ	牛肉 **il manzo** イル　マンゾ	豚肉 **il maiale** イル　マヤーレ	鶏肉 **il pollo** イル　ポッロ
子牛 **il vitello** イル　ヴィテッロ	子羊 **l'agnello** ラニェッロ	鴨 **l'anatra** ラナトラ	
ハト **il piccione** イル　ピッチョーネ	ウサギ **il coniglio** イル　コニーリョ	イノシシ **il cinghiale** イル　チンギャーレ	
キジ **il fagiano** イル　ファジャーノ	ウズラ **la quaglia** ラ　クァリャ	トリッパ **la trippa** ラ　トリッパ　*牛の胃袋を使った煮込み料理	
レバー **il fegato** イル　フェーガト	腸詰め **la salsiccia** ラ　サルスィッチャ		
ステーキ **la bistecca** ラ　ビステッカ	カツレツ **la cotoletta** ラ　コトレッタ	オッソブーコ **l'ossobuco** ロッソブーコ　*子牛のすね肉を輪切りにしてトマトで煮込んだ料理	
サルティンボッカ **i saltimbocca** イ　サルティンボッカ　*子牛肉に生ハムとセージをのせてソテーした料理		ポルケッタ　*子豚の丸焼き **la porchetta** ラ　ポルケッタ	

魚介類
i prodotti del mare
イ プロドッティ デル マレ

スズキ
il branzino / la spigola
イル ブランズィーノ / ラ スピーゴラ

舌平目	タイ	マグロ
la sogliola	**l'orata**	**il tonno**
ラ ソリョラ	ロラータ	イル トンノ

カサゴ・メバル	イワシ	アンチョビ
lo scorfano	**la sardina**	**l'acciuga**
ロ スコルファノ	ラ サルディーナ	ラッチューガ

アカザエビ	えび	ザリガニ
gli scampi	**i gamberetti**	**i gamberi**
リ スカンピ	イ ガンベレッティ	イ ガンベリ

カキ	あさり
le ostriche	**le vongole**
レ オストリケ	レ ヴォンゴレ

ムール貝	タコ	イカ
le cozze	**il polpo**	**i calamari**
レ コッツェ	イル ポルポ	イ カラマーリ

カラスミ	アクアパッツァ
la bottarga	**l'acquapazza**
ラ ボッタルガ	ラックァパッツァ
	*魚介類の煮込み料理

魚介のフライ	カルパッチョ
il fritto misto	**il carpaccio**
イル フリット ミスト	イル カルパッチョ

「レストランで」の単語

レストランで注文するなら、このフレーズ！

ミックスサラダをください。
Prendo l'insalata mista.
プレンド　リンサラータ　ミスタ

野菜 **le verdure** レ　ヴェルドゥーレ	トマト **i pomodori** イ　ポモドーリ	じゃがいも **le patate** レ　パターテ
玉ねぎ **le cipolle** レ　チポッレ	ズッキーニ **gli zucchini** リ　ズッキーニ	かぼちゃ **la zucca** ラ　ズッカ
なす **le melanzane** レ　メランザーネ	ほうれん草 **gli spinaci** リ　スピナーチ	パプリカ **i peperoni** イ　ペペローニ
ブロッコリー **i broccoli** イ　ブロッコリ	キャベツ **il cavolo** イル　カーヴォロ	にんじん **le carote** レ　カローテ
ルッコラ **la rucola** ラ　ルコラ	チコリ **il radicchio** イル　ラディッキョ	セロリ **il sedano** イル　セーダノ
アスパラガス **gli asparagi** リ　アスパーラジ	ラデッシュ **i ravanelli** イ　ラヴァネッリ	きゅうり **i cetrioli** イ　チェトリオーリ
にんにく **l'aglio** ラリョ	キノコ **i funghi** イ　フンギ	アーティチョーク **i carciofi** イ　カルチョーフィ

| ハーブ
gli aromi
リ　アローミ | バジル
il basilico
イル　バズィリコ | オレガノ
l'origano
ロリーガノ |

| イタリアンパセリ
il prezzemolo
イル　プレッツェモロ | セージ
la salvia
ラ　サルヴィア |

| ローズマリー
il rosmarino
イル　ロズマリーノ | フェンネル
il finocchietto
イル　フィノッキェット |

| 豆
i legumi
イ　レグーミ | 白いんげん豆
i fagioli cannellini
イ　ファジョーリ　カンネッリーニ |

| グリーンピース
i piselli
イ　ピゼッリ | レンズ豆
le lenticchie
レ　レンティッキェ | ひよこ豆
i ceci
イ　チェチ |

| 付け合わせ
il contorno
イル　コントルノ | ミックスサラダ
l'insalata mista
リンサラータ　ミスタ | フライドポテト
le patate fritte
レ　パターテ　フリッテ |

野菜のグリル
le verdure alla griglia
レ　ヴェルドゥーレ　アッラ　グリリア

| ほうれん草のソテー
gli spinaci saltati
リ　スピナーチ　サルターティ | ローストしたじゃがいも
le patate arrosto
レ　パターテ　アッロスト |

レストランで

出発する
移動する
泊まる
食べる
買う
見る・遊ぶ

「レストランで」の単語

レストランで注文するなら、このフレーズ！

それはグリルですか？
È alla griglia?
エ アッラ グリリア

| 調理法
modi di cucinare
モディ ディ クチナーレ | ローストした
arrosto
アッロスト | グリルした
alla griglia
アッラ グリリア |

網焼きの
alla brace
アッラ ブラチェ

オーブン焼きの
al forno
アル フォルノ

フライの
fritto
フリット

炒めた
saltato
サルタート

バターソテーした
saltato nel burro
サルタート ネル ブッロ

焼いた
cotto
コット

ゆでた
bollito
ボッリート

煮込んだ
stufato
ストゥファート

蒸した
al vapore
アル ヴァポーレ

つぶした
schiacciato
スキャッチャート

混ぜた
mischiato
ミスキャート

刻んだ
macinato
マチナート

薄切りにした
a fettine
ア フェッティーネ

マリネにした
marinato
マリナート

生の
crudo
クルード

自家製
di produzione propria
ディ プロドゥツィオーネ プロープリア

釜焼き
cotto nel forno a legna
コット ネル フォルノ ア レニャ

調味料 i condimenti
イ コンディメンティ

| 塩 **il sale** イル サレ | こしょう **il pepe** イル ペペ |

| 酢 **l'aceto** ラチェート | バルサミコ酢 **l'aceto balsamico** ラチェート バルサミコ | ワインビネガー **l'aceto di vino** ラチェート ディ ヴィノ |

| オリーブ油 **l'olio di oliva** ロリオ ディ オリーヴァ | バター **il burro** イル ブッロ | とうがらし **il peperoncino** イル ペペロンチーノ |

| 砂糖 **lo zucchero** ロ ズッケロ | はちみつ **il miele** イル ミエーレ |

食器 le stoviglie
レ ストヴィーリェ

| スプーン **il cucchiaio** イル クッキャイオ | フォーク **la forchetta** ラ フォルケッタ |

| ナイフ **il coltello** イル コルテッロ | グラス **il bicchiere** イル ビッキエーレ | ワイングラス **il bicchiere da vino** イル ビッキエーレ ダ ヴィノ |

| 皿 **il piatto** イル ピャット | 取り皿 **il piattino** イル ピャッティーノ | スープ皿 **il piatto fondo** イル ピャット フォンド |

| コーヒーカップ **la tazzina** ラ タッツィーナ | ナプキン **il tovagliolo** イル トヴァリョーロ | カラフェ(水さし) **la caraffa** ラ カラッファ |

「レストランで」の単語

レストランで注文するなら、このフレーズ！

ティラミスをお願いします。
Vorrei il tiramisù, per favore.
ヴォッレーイ　イル　ティラミスー　ペル　ファヴォーレ

果物 **la frutta** ラ　フルッタ	りんご **la mela** ラ　メラ	オレンジ **l'arancia** ラランチャ
ぶどう **l'uva** ルヴァ	いちご **le fragole** レ　フラーゴレ	グレープフルーツ **il pompelmo** イル　ポンペルモ
バナナ **la banana** ラ　バナナ	メロン **il melone** イル　メローネ	桃 **la pesca** ラ　ペスカ
いちじく **i fichi** イ　フィキ	レモン **il limone** イル　リモーネ	栗 **le castagne** レ　カスタニェ

チーズ **il formaggio** イル　フォルマッジョ	モッツァレラ **la mozzarella** ラ　モッツァレッラ	ゴルゴンゾーラ **il gorgonzola** イル　ゴルゴンゾーラ
パルミッジャーノ・レッジャーノ **il parmigiano reggiano** イル　パルミジャーノ　レッジャーノ		ペコリーノ **il pecorino** イル　ペコリーノ
タレッジョ **il taleggio** イル　タレッジョ	マスカルポーネ **il mascarpone** イル　マスカルポーネ	リコッタ **la ricotta** ラ　リコッタ

レストランで

| デザート
il dolce
イル ドルチェ | ティラミス
il tiramisù
イル ティラミスー | パンナコッタ
la pannacotta
ラ パンナコッタ | ジェラート
il gelato
イル ジェラート |

ズコット
lo zuccotto
ロ ズッコット
*クリームを詰めた半球状のスポンジケーキ

プリン
il budino
イル ブディーノ

リコッタチーズのタルト
la crostata di ricotta
ラ クロスタータ ディ リコッタ

セミフレッド
il semifreddo
イル セミフレッド
*「半分冷たい」という意味のアイスクリームのようなケーキ

マチェドニア
la macedonia
ラ マチェドニア
*フルーツポンチ

ズッパイングレーゼ
la zuppa inglese
ラ ズッパ イングレーゼ
*スポンジ生地とカスタードクリームを重ねたケーキ

| 飲み物
le bevande
レ ベヴァンデ | 食前酒
l'aperitivo
ラペリティーヴォ | ビール
la birra
ラ ビッラ |

スプマンテ
lo spumante
ロ スプマンテ

白ワイン
il vino bianco
イル ヴィノ ビャンコ

赤ワイン
il vino rosso
イル ヴィノ ロッソ

ミネラルウォーター(ガス入り)
l'acqua minerale gassata
ラッカ ミネラーレ ガッサータ

コーヒー
il caffè
イル カッフェー

ミネラルウォーター(ガスなし)
l'acqua minerale naturale
ラッカ ミネラーレ ナトゥラーレ

紅茶
il té
イル テ

出発する | 移動する | 泊まる | 食べる | 買う | 見る・遊ぶ

予約する

> ～予約したいのですが。
> **Vorrei prenotare per ～.**
> ヴォッレーイ プレノターレ ペル ～

今日の昼に **oggi a pranzo** オッジ ア プランゾ	今日の夜に **stasera** スタセーラ
明日の昼に **domani a pranzo** ドマーニ ア プランゾ	明日の夜に **domani sera** ドマーニ セーラ

～日に **il ～** イル ～	～時に **le ～** レ ～	～名で **～ persone** * ～ ペルソーネ

📖 数字の読み方 p.113　　　　　　　＊1名のときは persona（ペルソーナ）

入店する

> ～名です。
> **Per ～.**
> ペル ～

1 **uno** ウノ	2 **due** ドゥエ	3 **tre** トレ	4 **quattro** クァットロ
5 **cinque** チンクェ	6 **sei** セイ	7 **sette** セッテ	8 **otto** オット

レストランで

~の席がいいです。
Vorrei un tavolo ~.
ヴォッレーイ ウン タヴォロ ~

中	外	奥
dentro デントロ	**fuori** フオーリ	**in fondo** イン フォンド
こちら	あちら	端
qui クィ	**lì** リ	**a lato** ア ラト
窓際		
vicino alla finestra ヴィチーノ アッラ フィネストラ		

どのくらい待ちますか？
Quant'è l'attesa?
クァンテー ラッテーザ

ランチはまだやっていますか？
È ancora possibile pranzare?
エ アンコーラ ポッスィービレ プランザーレ

予約はしていませんが、入れますか？
Non ho prenotato, va bene lo stesso?
ノン オ プレノタート ヴァ ベネ ロ ステッソ

メニューを見る

(味は)〜ですか？
È 〜?
エ 〜

甘い	辛い	さっぱり	こってり
dolce	**piccante**	**leggero**	**pesante**
ドルチェ	ピッカンテ	レッジェーロ	ペザンテ

脂っこい	しょっぱい	酸っぱい	苦い
grasso	**salato**	**aspro**	**amaro**
グラッソ	サラート	アスプロ	アマーロ

量は〜ですか？
La porzione è 〜?
ラ ポルツィオーネ エ 〜

多い	少ない	ふつう
abbondante	**scarsa**	**normale**
アッボンダンテ	スカルサ	ノルマーレ

1 (2 / 3) 人前で十分
sufficiente per una persona (due / tre persone)?
スッフィチェンテ ペル ウナ ペルソーナ (ドゥエ / トレ ペルソーネ)

〜はありますか？
C'è 〜?
チェ 〜

子ども用のいす
il seggiolone
イル セッジョローネ

飲み物のメニュー
una lista delle bevande
ウナ リスタ デッレ ベヴァンデ

どれがおすすめですか？
Quale mi consiglia?
クァレ ミ コンスィリャ

注文する

レストランで

~をください。
~, per favore.
~ ペル ファヴォーレ

これ	これとこれ	あれと同じもの
questo	questo e questo	la stessa cosa
クェスト	クェスト エ クェスト	ラ ステッサ コーザ

~は何ですか？
Qual è ~?
クァレー ~

いちばん人気がある料理	本日のおすすめ
il piatto più popolare	il piatto del giorno
イル ピャット ピュー ポポラーレ	イル ピャット デル ジョルノ
自慢料理	郷土料理
il piatto forte	il piatto locale
イル ピャット フォルテ	イル ピャット ロカーレ

この料理に合うワインは何ですか？
Che vino si accompagna a questo piatto?
ケ ヴィノ スィ アッコンパーニャ ア クェスト ピャット

まだ決めてません。
Non ho ancora deciso.
ノン オ アンコーラ デチーゾ

もう少し待ってもらえますか？
Potrebbe aspettare ancora un po'?
ポトレッベ アスペッターレ アンコーラ ウン ポ

出発する | 移動する | 泊まる | 食べる | 買う | 見る・遊ぶ

食事中に

～ください。
~, per favore.
～ ペル ファヴォーレ

水をもう1本
un' altra bottiglia d' acqua
ウン アルトラ ボッティーリャ ダックァ

これと同じワイン
lo stesso vino
ロ ステッソ ヴィノ

～してもらえますか？
Potrebbe ～?
ポトレッベ ～

お皿を換える
cambiare il piatto
カンビャーレ イル ピャット

量を少なくする
ridurre la porzione
リドゥッレ ラ ポルツィオーネ

～したいのですが。
Vorrei ～.
ヴォッレーイ ～

あちらの席に移る
spostarmi a quel tavolo
スポスタルミ ア クェル タヴォロ

取り分ける	注文を追加する	注文を取り消す
dividere	**ordinare altro**	**cancellare l'ordinazione**
ディヴィーデレ	オルディナーレ アルトロ	カンチェッラーレ ロルディナツィオーネ

まだ食べています。
Sto ancora mangiando.
スト アンコーラ マンジャンド

お腹いっぱいです。
Sono pieno.*
ソノ ピェーノ

* 女性が言うときは
Sono piena.
（ソノ ピェーナ）

会計する

~してもいいですか?
Posso ~?
ポッソ ~

ここで会計する	残りを持ち帰る
pagare il conto qui パガーレ イル コント クィ	**portare via gli avanzi** ポルターレ ヴィア リ アヴァンツィ
カードで支払う	領収書をもらう
pagare con la carta パガーレ コン ラ カルタ	**avere la ricevuta** アヴェーレ ラ リチェヴータ
割引券を使う	別々に会計する
usare lo sconto ウザーレ ロ スコント	**dividere il conto** ディヴィーデレ イル コント

お会計をお願いします。
Il conto, per favore.
イル コント ペル ファヴォーレ

お会計が違います。
Il conto è sbagliato.
イル コント エ スバリャート

ごちそうさまでした。おいしかったです。
Grazie, era tutto buonissimo.
グラッツィエ エラ トゥット ブオニッスィモ

「レストランで」のやりとり

予約をしている〜です。
Ho prenotato un tavolo, mi chiamo 〜.
オ プレノタート ウン タヴォロ ミ キャーモ 〜

注文したものが来ていません。
La mia ordinazione non è ancora arrivata.
ラ ミア オルディナツィオーネ ノン エ アンコーラ アッリヴァータ

これは注文していません。
Non ho ordinato questo.
ノン オ オルディナート クェスト

コースのメニューを変更できますか?
Posso cambiare i piatti del menù?
ポッソ カンビャーレ イ ピャッティ デル メヌー

ご注文はお決まりですか?
Ha deciso?
ア デチーゾ

→ はい、お願いします。
Sì.
スィ

ほかにご注文は?
Altro?
アルトロ

→ いいえ、結構です。
No, grazie.
ノ グラッツィエ

ご注文はすべておそろいですか?
È arrivato tutto?
エ アッリヴァート トゥット

→ はい、そろっています。
Sì, grazie.
スィ グラッツィエ

レストランで

こちらへどうぞ。
Per di qua, prego.
ペル ディ クァ プレーゴ

お席にご案内するまでお待ちください。
La accompagno al tavolo fra un istante.
ラ アッコンパーニョ アル タヴォロ フラ ウン イスタンテ

ただ今お持ちします。
Arriva subito.
アッリーヴァ スービト

注文を受けていません。
Non ho preso l'ordinazione.
ノン オ プレーソ ロルディナツィオーネ

失礼しました。
Mi scusi.
ミ スクーズィ

確認してまいります。
Vado a controllare.
ヴァド ア コントロッラーレ

どれですか？
Quale?
クァーレ

もちろんです。
Certo.
チェルト

何に変えますか？
Con che cosa?
コン ケ コーザ

申し訳ございませんが、できません。
Mi dispiace, non è possibile.
ミ ディスピャーチェ ノン エ ポッスィービレ

もう少し待ってください。
Potrebbe aspettare ancora un po'?
ポトレッベ アスペッターレ アンコーラ ウン ポ

もうお腹がいっぱいです。
Sono pieno. *
ソノ ピェーノ

*女性が言うときは
Sono piena.(ソノ ピェーナ)

いいえ、まだです。
Non ancora.
ノン アンコーラ

「デリで」の単語

デリで注文するなら、このフレーズ！

アランチーニを2コください。
Vorrei due arancini, per favore.
ヴォッレーイ　ドゥエ　アランチーニ　ペル　ファヴォーレ

デリのお店 **la rosticceria** ラ　ロスティッチェリーア	ソーセージ **la salsiccia** ラ　サルスィッチャ	サラミ **il salame** イル　サラーメ
ハム **il prosciutto cotto** イル　プロシュット　コット	生ハム **il prosciutto crudo** イル　プロシュット　クルード	パテ **il patè** イル　パテー
レバーペースト **il patè di fegato** イル　パテー　ディ　フェーガト	サラダ **l'insalata** リンサラータ	オリーブ **le olive** レ　オリーヴェ
パスタ **la pasta** ラ　パスタ	ピザ **la pizza** ラ　ピッツァ	ラザニア **le lasagne** レ　ラザーニェ
アランチーニ **gli arancini** リ　アランチーニ ＊ライスコロッケ	フォカッチャ **la focaccia** ラ　フォカッチャ	クロスティーニ　＊トーストしたパン **i crostini** イ　クロスティーニ
	カプレーゼ **la caprese** ラ　カプレーゼ　＊トマト、モッツァレラチーズ、バジルを合わせたサラダ	フリッタータ **la frittata** ラ　フリッタータ ＊イタリア風オムレツ
ペペロナータ **la peperonata** ラ　ペペロナータ　＊パプリカなどの野菜を煮込んだ料理	フリット **la frittura** ラ　フリットゥーラ	

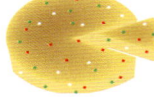

デリで

コロッケ	**le crocchette**	レ　クロッケッテ
鶏の丸焼き	**il pollo arrosto**	イル　ポッロ　アッロスト
なすとトマトのオーブン焼き	**la parmigiana**	ラ　パルミジャーナ
ライスサラダ	**l'insalata di riso**	リンサラータ　ディ　リゾ
魚介のサラダ	**l'insalata di mare**	リンサラータ　ディ　マレ
いわしのフリット	**le sardine fritte**	レ　サルディーネ　フリッテ
いかのフリット	**la frittura di calamari**	ラ　フリットゥーラ　ディ　カラマーリ
ミラノ風子牛のカツレツ	**la cotoletta alla milanese**	ラ　コトレッタ　アッラ　ミラネーゼ
キノコのマリネ	**i funghi trifolati**	イ　フンギ　トリフォラーティ
じゃがいものニョッキ	**gli gnocchi di patate**	リ　ニョッキ　ディ　パターテ
野菜の網焼き	**le verdure grigliate**	レ　ヴェルドゥーレ　グリリャーテ
豚のスペアリブ	**le costine di maiale**	レ　コスティーネ　ディ　マヤーレ
ポルチーニのソテー	**i porcini saltati**	イ　ポルチーニ　サルターティ
鶏のピカタ	**il pollo impanato**	イル　ポッロ　インパナート
1人分	**per una persona**	ペル　ウナ　ペルソーナ
テイクアウト	**da portare via**	ダ　ポルターレ　ヴィア

注文する

~(を)ください。
~, per favore.
~ ペル ファヴォーレ

これ	これとこれ	もっとたくさん
questo	**questo e questo**	**di più**
クェスト	クェスト エ クェスト	ディ ピュー

半分だけ	大きいの	小さいの
solo metà	**grande**	**piccolo**
ソロ メター	グランデ	ピッコロ

これを~ください。
~ di questo, per favore.
~ ディ クェスト ペル ファヴォーレ

100g	200g	300g	半分
un etto	**due etti**	**tre etti**	**metà**
ウン エット	ドゥエ エッティ	トレ エッティ	メター

~を100g (200g) ください。
Un etto(Due etti) di ~, per favore.
ウン エット(ドゥエ エッティ) ディ ~ ペル ファヴォーレ

これ	生ハム	パルミッジャーノ・レッジャーノ
questo	**prosciutto crudo**	**parmigiano reggiano**
クェスト	プロシュット クルード	パルミジャーノ レッジャーノ

この肉	サラミ	パテ
questa carne	**salame**	**patè**
クェスタ カルネ	サラーメ	パテー

お願いする

デリで

〜してもらえますか？
Potrebbe 〜？
ポトレッベ 〜

小さく切る	量を少なくする
tagliare a pezzetti	**darmene di meno**
タリャーレ ア ペッツェッティ	ダルメネ ディ メノ

別の容器に入れる	温める
metterlo in un altro contenitore	**scaldarlo**
メッテルロ イン ウン アルトロ コンテニトーレ	スカルダルロ

紙袋に入れる	ナイフを入れる
metterlo in un sacchetto di carta	**darmi un coltello**
メッテルロ イン ウン サッケット ディ カルタ	ダルミ ウン コルテッロ

フォークを入れる	もっとソースをかける
darmi una forchetta	**metterci più salsa**
ダルミ ウナ フォルケッタ	メッテルチ ピュー サルサ

〜したいのですが。
Vorrei 〜．
ヴォッレーイ 〜

注文を変更する	注文をキャンセルする
cambiare l'ordine	**cancellare l'ordine**
カンビャーレ ロルディネ	カンチェッラーレ ロルディネ

ここで食べる	別々に会計する
mangiare qui	**conti separati**
マンジャーレ クィ	コンティ セパラーティ

それで十分です。
Basta così．
バスタ コズィー

「デリで」のやりとり

持ち帰りですか？
È da portare via?
エ ダ ポルターレ ヴィア

テーブルで食べるとチャージがかかりますか？
C'è il supplemento per il tavolo?
チェ イル スップレメント ペル イル タヴォロ

どちらの容器に入れますか？
Quale contenitore preferisce?
クァレ コンテニトーレ プレフェリーシェ

何個にしますか？
Quanti?
クァンティ

このくらいでいいですか？
Va bene così?
ヴァ ベネ コズィー

カードは使えますか？
Posso usare la carta?
ポッソ ウザーレ ラ カルタ

おつりが違います。
Il resto è sbagliato.
イル レスト エ スバリャート

デリで

はい、そうです。	いいえ、ここで食べます。
Sì.	**No, lo mangio qui.**
スィ	ノ ロ マンジョ クィ

はい、〜ユーロです。	いいえ。
Sì, sono 〜 euro.	**No.**
スィ ソノ 〜 エウロ	ノ

大きいほうで。	小さいほうで。
Quello grande.	**Quello piccolo.**
クェッロ グランデ	クェッロ ピッコロ

1個だけで。	2個。	3個。	あるだけ全部ください。
Uno solo.	**Due.**	**Tre.**	**Tutti, per favore.**
ウノ ソロ	ドゥエ	トレ	トゥッティ ペル ファヴォーレ

もう少し。	はい、十分です。
Ancora un po'.	**Basta, grazie.**
アンコーラ ウン ポ	バスタ グラッツィエ

はい、大丈夫です。	現金だけです。
Sì.	**No, solo contanti.**
スィ	ノ ソロ コンタンティ

確認します。	これで合ってますよ。
Controllo subito.	**Così va bene.**
コントロッロ スービト	コズィー ヴァ ベネ

「バールで」の単語

バールで注文するなら、このフレーズ！

カフェマッキアートをください。
Un caffè macchiato, per favore.
ウン　カッフェー　マッキャート　ペル　ファヴォーレ

飲み物 **bevande** ベヴァンデ	カフェ **un caffè** ウン　カッフェー	*イタリア語の 「カフェ」は エスプレッソ を指す	カフェラテ **un caffèlatte** ウン　カッフェラッテ
カプチーノ **un cappuccino** ウン　カップッチーノ	カフェマッキアート **un caffè macchiato** ウン　カッフェー　マッキャート		
カフェルンゴ **un caffè lungo** ウン　カッフェー　ルンゴ	*エスプレッソ を薄めに抽出 したもの	カフェイン抜きのコーヒー **un decaffeinato** ウン　デカッフェイナート	
カフェコレット **un caffè corretto** ウン　カッフェー　コッレット	*エスプレッソ に少量のお酒 を加えたもの	ダブルエスプレッソ **un caffè doppio** ウン　カッフェー　ドッピョ	
ホットチョコレート **una cioccolata calda** ウナ　チョッコラータ　カルダ		カフェアメリカン **un caffè americano** ウン　カッフェー　アメリカーノ	
ミルク **del latte** デル　ラッテ		ミルクシェーキ **un frappè** ウン　フラッペー	
紅茶 **un té** ウン　テ		キノット **un chinotto** ウン　キノット	*イタリアで ポピュラー な炭酸飲料

バールで

アイスティ（桃味）	アイスティ（レモン味）
un té freddo alla pesca	**un té freddo al limone**
ウン　テ　フレッド　アッラ　ペスカ	ウン　テ　フレッド　アル　リモーネ

カモミールティ	ハーブティ
una camomilla	**una tisana**
ウナ　カモミッラ	ウナ　ティザーナ

ミネラルウォーター（ガスなし／ガス入り）

dell'acqua minerale (naturale / gassata)
デッラックァ　ミネラーレ　（ナトゥラーレ / ガッサータ）

フレッシュジュース *絞りたての生ジュース	フルーツジュース *瓶や缶入りのジュース
una spremuta	**un succo di frutta**
ウナ　スプレムータ	ウン　スッコ　ディ　フルッタ

オレンジジュース	グレープフルーツジュース
un succo di arancia	**un succo di pompelmo**
ウン　スッコ　ディ　アランチャ	ウン　スッコ　ディ　ポンペルモ

ブラッドオレンジジュース

un succo di arancia rossa
ウン　スッコ　ディ　アランチャ　ロッサ

スプライト	コーラ
una sprite	**una coca-cola**
ウナ　スプライツ	ウナ　コカコーラ

グラス	びん
un bicchiere	**una bottiglia**
ウン　ビッキェーレ	ウナ　ボッティーリャ

「バールで」の単語

バールで注文するなら、このフレーズ！

生ハムのパニーノをください。
Un panino al prosciutto crudo, per favore.
ウン　パニーノ　アル　プロシュット　クルード　ペル　ファヴォーレ

お酒 **alcolici** アルコリチ	ビール **una birra** ウナ　ビッラ	モレッティ **Moretti** モレッティ
メッシーナ **Messina** メッスィーナ ＊イタリアのビール	白ワイン **vino bianco** ヴィノ　ビャンコ	赤ワイン **vino rosso** ヴィノ　ロッソ
ロゼワイン **vino rosè** ヴィノ　ロゼー	スプマンテ **spumante** スプマンテ	デザートワイン **vino da dessert** ヴィノ　ダ　デッセル
食前酒 **un aperitivo** ウン　アペリティーヴォ	食後酒 **un digestivo** ウン　ディジェスティーヴォ	カンパリ **un Campari** ウン　カンパーリ
チンザノ **un Cinzano** ウン　チンツァーノ	チナール **un Cinar** ウン　チナール	ヴェルモット **un Vermouth** ウン　ヴェルムツ
アマーロ **un amaro** ウン　アマーロ	グラッパ **una grappa** ウナ　グラッパ	リモンチェッロ **un limoncello** ウン　リモンチェッロ
ウィスキー **un whiskey** ウン　ウィスキー	ブランデー **un brandy** ウン　ブレンディー	カクテル **un cocktail** ウン　コクテール

＊イタリアのビール

バールで

軽食 spuntini スプンティーニ

パニーノ	il panino	イル パニーノ
チーズ入りパニーノ	il panino al formaggio	イル パニーノ アル フォルマッジョ
生ハムのパニーノ	il panino al prosciutto crudo	イル パニーノ アル プロシュット クルード
サンドイッチ	il tramezzino	イル トラメッズィーノ
ブリオッシュ	la brioche	ラ ブリオシュ
ジェラート	il gelato	イル ジェラート
ドルチェ	il dolce	イル ドルチェ
コルネット（ジャム入り / チョコ入り / カスタード入り）	il cornetto (con la marmellata / con il cioccolato / con la crema)	イル コルネット（コン ラ マルメッラータ / コン イル チョッコラート / コン ラ クレーマ）

＊イタリア風のクロワッサン

バール il bar イル バル

バリスタ	il barista	イル バリスタ
カウンター	il bancone	イル バンコーネ
テーブル	il tavolo	イル タヴォロ
いす	la sedia	ラ セディア
トイレ	il bagno	イル バニョ

＊女性なら la barista（ラ バリスタ）

支払う pagare パガーレ

レジ	la cassa	ラ カッサ
レシート	lo scontrino	ロ スコントリーノ
おつり	il resto	イル レスト
小銭	gli spiccioli	リ スピッチョリ
チップ	la mancia	ラ マンチャ

出発する／移動する／泊まる／食べる／買う／見る・遊ぶ

注文する

～, per favore.
～ ペル ファヴォーレ
～(を)ください。

カフェラテ1杯 **un caffèlatte** ウン カッフェラッテ	白ワインを1杯 **un bicchiere di vino bianco** ウン ビッキェーレ ディ ヴィノ ビャンコ

ガスなしのミネラルウォーターを1本
una bottiglia d'acqua minerale naturale
ウナ ボッティーリア ダックァ ミネラーレ ナトゥラーレ

モルタデッラ*のパニーノ *ソーセージの1種 **un panino con la mortadella** ウン パニーノ コン ラ モルタデッラ	ツナのサンドイッチ **un tramezzino al tonno** ウン トラメッズィーノ アル トンノ

野菜グリルのパニーノ
un panino con le verdure grigliate
ウン パニーノ コン レ ヴェルドゥーレ グリリャーテ

あの人と同じもの
la stessa cosa del signore*
ラ ステッサ コーザ デル スィニョーレ

*その人物が女性であれば、
la stessa cosa della signora
(ラ ステッサ コーザ デッラ スィニョーラ)
を使います。

お願いする

Potrebbe ～?
ポトレッベ ～
～してもらえますか?

温める **scaldarlo** スカルダルロ
包む **incartarlo** インカルタルロ

おつりを渡す **darmi il resto** ダルミ イル レスト	袋に入れる **metterlo in un sacchetto** メッテルロ イン ウン サッケット

たずねる

バールで

> ～はありますか？
> **Avete ～?**
> アヴェーテ ～

砂糖	メニュー	ナプキン
dello zucchero	**un menù**	**un tovagliolo**
デッロ ズッケロ	ウン メヌー	ウン トヴァリョーロ

ストロー	空いてるテーブル
una cannuccia	**un tavolo libero**
ウナ カンヌッチァ	ウン タヴォロ リベロ

> このワインは～ですか？
> **Questo vino è ～?**
> クェスト ヴィノ エ ～

甘口	辛口	軽め	重め
dolce	**secco**	**leggero**	**forte**
ドルチェ	セッコ	レッジェーロ	フォルテ

> ～にはどんなのがありますか？
> **Che ～ avete?**
> ケ ～ アヴェーテ

食前酒	食後酒	ソフトドリンク
aperitivi	**digestivi**	**bibite**
アペリティーヴィ	ディジェスティーヴィ	ビビテ

フレッシュジュース
spremute
スプレムーテ

> トイレはどこですか？
> **Dov'è il bagno?**
> ドヴェー イル バニョ

> カードは使えますか？
> **Posso usare la carta?**
> ポッソ ウザーレ ラ カルタ

出発する / 移動する / 泊まる / 食べる / 買う / 見る・遊ぶ

「バールで」のやりとり

何にしますか？
Cosa prende?
コーザ プレンデ

カフェを1杯ください。
Un caffè, per favore.
ウン カッフェー ペル ファヴォーレ

テーブル席にしますか？
Al tavolo?
アル タヴォロ

ここで食べますか？
Mangia qui?
マンジャ クィ

何か食べ物は？
Qualcosa da mangiare?
クァルコーザ ダ マンジャーレ

それは頼んでいません。
Non ho ordinato questo.
ノン オ オルディナート クェスト

何時までやっていますか？
Fino a che ora è aperto?
フィノ ア ケ オラ エ アペルト

バールで

赤ワインをください。
Del vino rosso, per favore.
デル ヴィノ ロッソ ペル ファヴォーレ

チョコレートジェラートをください。
Un gelato al cioccolato, per favore.
ウン ジェラート アル チョッコラート ペル ファヴォーレ

生ハムのパニーノをください。
Un panino al prosciutto crudo, per favore.
ウン パニーノ アル プロシュット クルード ペル ファヴォーレ

はい、2名です。
Sì, per due.
スィ ペル ドゥエ

いいえ、立ったままでいいです。
No, al bancone.
ノ アル バンコーネ

はい。
Sì.
スィ

いいえ、持ち帰ります
No, è da portare via.
ノ エ ダ ポルターレ ヴィア

コルネットを1つください。
Un cornetto, per favore.
ウン コルネット ペル ファヴォーレ

飲み物だけでいいです。
Solo da bere, grazie.
ソロ ダ ベレ グラッツィエ

今、確認します。
Controllo subito.
コントロッロ スービト

どれがいいか、指でさしてください。
Mi indichi quale preferisce.
ミ インディキ クァレ プレフェリーシェ

〜時までです。
Fino alle 〜.
フィノ アッレ 〜

出発する | 移動する | 泊まる | 食べる | 買う | 見る・遊ぶ

「ドルチェ・ジェラートのお店で」の単語

ドルチェ・ジェラートのお店で注文するなら、このフレーズ！

カンノーリを2つください。
Due cannoli, per favore.
ドゥエ　カンノーリ　ペル　ファヴォーレ

お菓子店 **in pasticceria** イン　パスティッチェリーア	お菓子 **i dolci** イ　ドルチ	タルト **la crostata** ラ　クロスタータ

パネトーネ **il panettone** イル　パネットーネ	*ドライフルーツ入りのパン菓子	パンドーロ **il pandoro** イル　パンドーロ	*ヴェローナ発祥のパン菓子

ペストリー **il pasticcino** イル　パスティッチーノ	ムース **la mousse** ラ　ムース	ババ **il babà** イル　ババ	*ラム酒のシロップに漬けたお菓子

チョコレート **il cioccolato** イル　チョッコラート	トリュフ **il tartufo** イル　タルトゥーフォ	マロングラッセ **i marron glacé** イ　マッロン　グラッセ

ビスコッティ **i biscotti** イ　ビスコッティ	カントゥッチ **i cantucci** イ　カントゥッチ	*アーモンド入りの固い焼き菓子

キャンディ **le caramelle** レ　カラメッレ	プラリネ **le praline** レ　プラリネ	アマレッティ **gli amaretti** リ　アマレッティ	*アーモンドパウダーと卵白を使った焼き菓子

カンノーリ **i cannoli** イ　カンノーリ	*シチリアの伝統菓子	スフォリアテッレ **le sfogliatelle** レ　スフォリャテッレ	*ナポリ名物の、リコッタチーズの入ったパイ菓子

ドルチェ・ジェラートのお店で

アイスクリーム店
in gelateria
イン ジェラテリーア

アイスクリーム
il gelato
イル ジェラート

グラニタ	ソルベ	コーン	カップ
la granita ラ グラニータ	**il sorbetto** イル ソルベット	**il cono** イル コノ	**la coppetta** ラ コッペッタ

フレーバー	バニラ	ミルク	コーヒー
i gusti イ グスティ	**vaniglia** ヴァニーリャ	**panna** パンナ	**caffè** カッフェー

ピスタチオ	ヘーゼルナッツ	アーモンド
pistacchio ピスタッキョ	**nocciola** ノッチョーラ	**mandorla** マンドルラ

マラガ	リコッタチーズ	ヨーグルト	ミント
malaga マラガ *ラムレーズンに似た風味	**ricotta** リコッタ	**yogurt** ヨグルツ	**menta** メンタ

いちご	ブルーベリー	ラズベリー	ピーチ
fragola フラーゴラ	**mirtillo** ミルティッロ	**lampone** ランポーネ	**pesca** ペスカ

マンゴ	レモン	オレンジ	メロン
mango マンゴ	**limone** リモーネ	**arancia** アランチャ	**melone** メローネ

キャラメル	マロン	自家製
caramello カラメッロ	**marrone** マッロネ	**artigianale** アルティジャナーレ

注文する

> ～(を)ください。
> **～, per favore.**
> ～ ペル ファヴォーレ

1個	2個	3個	4個	5個
uno ウノ	**due** ドゥエ	**tre** トレ	**quattro** クァットロ	**cinque** チンクェ

もっと	100g	200g
di più ディ ピュー	**un etto** ウン エット	**due etti** ドゥエ エッティ

これ	これとこれ	これらを1つずつ
questo クェスト	**questo e questo** クェスト エ クェスト	**uno ciascuno di questi** ウノ チャスクーノ ディ クェスティ

大きいほう	小さいほう	まるごと1つ
quello grande クェッロ グランデ	**quello piccolo** クェッロ ピッコロ	**uno intero** ウノ インテーロ

> ～をお願いします。
> **Vorrei ～, per favore.**
> ヴォッレーイ ～ ペル ファヴォーレ

小さいほうのカップ	大きいほうのカップ
una coppetta piccola ウナ コッペッタ ピッコラ	**una coppetta grande** ウナ コッペッタ グランデ
小さいほうのコーン	大きいほうのコーン
un cono piccolo ウン コノ ピッコロ	**un cono grande** ウン コノ グランデ

ドルチェ・ジェラートのお店で

たずねる

~はどれですか?
Quale è ~ ?
クァレ エー ~

おすすめ	今月の味
quello che mi consiglia クェッロ ケ ミ コンスィリア	**il gusto di questo mese** イル グスト ディ クェスト メゼ
季節のフレーバー	珍しい味
il gusto di stagione イル グスト ディ スタジョーネ	**un gusto particolare** ウン グスト パルティコラーレ
人気のあるフレーバー	地元ならではのお菓子
il gusto più popolare イル グスト ピュー ポポラーレ	**il gusto locale** イル グスト ロカーレ

それじゃなくて、こっちです。
Non quello, questo.
ノン クェッロ クェスト

自家製ですか?
È artigianale?
エ アルティジャナーレ

味見させてもらえますか?
Posso assaggiarlo?
ポッソ アッサッジャルロ

「ドルチェ・ジェラートのお店で」のやりとり

ご注文は？
Desidera?
デズィーデラ

このままでいいですか？
Va bene così?
ヴァ ベネ コズィー

カップとコーンのうち、どちらにしますか？
Preferisce la coppetta o il cono?
プレフェリーシェ ラ コッペッタ オ イル コノ

コーンで。
Il cono.
イル コノ

カップで。
La coppetta.
ラ コッペッタ

お会計は先ですか？
Devo fare prima lo scontrino?
デヴォ ファレ プリーマ ロ スコントリーノ

いくつ味を選べますか？
Quanti gusti posso scegliere?
クァンティ グスティ ポッソ シェリェレ

並んでいますか？
É in fila?
エ イン フィラ

はい。
Sì.
スィ

いいえ、どうぞ。
No, prego.
ノ プレーゴ

生クリームは有料ですか？
La panna è a parte?
ラ パンナ エ ア パルテ

ドルチェ・ジェラートのお店で

チョコレートを買いたいのですが。
Vorrei comprare del cioccolato.
ヴォッレーイ コンプラーレ デル チョッコラート

カントゥッチを200gください。
Due etti di cantucci, per favore.
ドゥエ エッティ ディ カントゥッチ ペル ファヴォーレ

袋に入れてください。
Lo metta in un sacchetto, per favore.
ロ メッタ イン ウン サッケット ペル ファヴォーレ

箱に入れてもらえますか？
Potrebbe metterlo in una scatola?
ポトレッベ メッテルロ イン ウナ スカートラ

あとでいいです。
No, va bene dopo.
ノ ヴァ ベネ ドポ

はい、先に払ってから注文してください。
Sì, paghi prima di ordinare.
スィ パギ プリーマ ディ オルディナーレ

2種類です。
Due gusti.
ドゥエ グスティ

3種類です。
Tre gusti.
トレ グスティ

カップが小さいと1種類だけです。
Nella coppetta piccola un solo gusto.
ネッラ コッペッタ ピッコラ ウン ソロ グスト

はい、0.5ユーロです。
Sì, costa 50 centesimi.
スィ コスタ チンクァンタ チェンテーズィミ

いいえ、サービスですよ。
No, è gratis.
ノ エ グラティス

出発する / 移動する / 泊まる / 食べる / 買う / 見る・遊ぶ

5章
買う

お店で
「お店で」の単語……………108　　店でたずねる……………110
店でお願いする……………112　　【コラム】数字の読み方……113
「お店で」のやりとり……114

洋服を買う
「洋服を買う」の単語………116　　試着する………………………122
希望を伝える………………124　　購入する………………………125
「洋服を買う」のやりとり…126

服飾雑貨・小物を買う
「服飾雑貨・小物を買う」の単語………128
欲しいものを伝える……………………130
お願いする……131　　「服飾雑貨・小物を買う」のやりとり…132

バッグ・靴を買う
「バッグ・靴を買う」の単語…134　　欲しいものを伝える……136
「バッグ・靴を買う」のやりとり…………138

アクセサリー・化粧品を買う
「アクセサリー・化粧品を買う」の単語………………140
欲しいものを伝える……………………………………142
「アクセサリー・化粧品を買う」のやりとり…………144

文房具・キッチン用品を買う
「文房具・キッチン用品を買う」の単語………………146
欲しいものを伝える………148　　商品についてたずねる……148
「文房具・キッチン用品を買う」のやりとり…………150

食料品・日用品・薬を買う
「食料品・日用品・薬を買う」の単語…………………152
欲しいものを伝える………154　　症状を伝える………………155
「食料品・日用品・薬を買う」のやりとり……………156

「お店で」の単語

お店を探すときは、このフレーズ！

近くに薬局はありますか？
C'è una farmacia qui vicino?
チェ ウナ ファルマチーア クィ ヴィチーノ

店	書店	タバコ屋
i negozi イ ネゴツィ	**una libreria** ウナ リブレリーア	**una tabaccheria** ウナ タバッケリーア

薬局	文房具店
una farmacia ウナ ファルマチーア	**una cartoleria** ウナ カルトレリーア

台所用品店	化粧品・香水店
un negozio di casalinghi ウン ネゴツィオ ディ カザリンギ	**una profumeria** ウナ プロフメリーア

靴店	新聞・雑誌販売店
un negozio di scarpe ウン ネゴツィオ ディ スカルペ	**un'edicola** ウン エディーコラ

肉屋	食料品店
una macelleria ウナ マチェッレリーア	**un negozio di alimentari** ウン ネゴツィオ ディ アリメンターリ

エノテカ	スーパー
un'enoteca ウン エノテカ	**un supermercato** ウン スペルメルカート

市場	お菓子店	デパート
un mercato ウン メルカート	**una pasticceria** ウナ パスティッチェリーア	**un grande magazzino** ウン グランデ マガッズィーノ

お店で

ショーウィンドウ	la vetrina	ラ ヴェトリーナ
営業時間	l'orario di apertura	ロラリオ ディ アペルトゥーラ
営業中	aperto	アペルト
休業中	chiuso	キューゾ
休業日	il giorno di chiusura	イル ジョルノ ディ キュズーラ
買い物をする	fare spese	ファレ スペゼ
値段	il prezzo	イル プレッツォ
セール	i saldi	イ サルディ
高い	caro	カロ
安い	economico	エコノーミコ
割引	lo sconto	ロ スコント
レジ	la cassa	ラ カッサ
クレジットカード	la carta di credito	ラ カルタ ディ クレディト
現金	i contanti	イ コンタンティ
サイン	la firma	ラ フィルマ
レシート	lo scontrino	ロ スコントリーノ
おつり	il resto	イル レスト
袋	il sacchetto	イル サッケット
贈り物	il regalo	イル レガーロ
支払う	pagare	パガーレ
試着する	provare	プロヴァーレ
包装する	impacchettare	インパッケッターレ

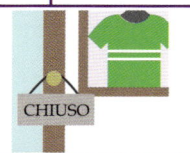

店でたずねる

> ～してもいいですか？
> **Posso ～?**
> ポッソ ～

試着する **provare** プロヴァーレ	手に取ってみる **prendere in mano** プレンデレ イン マノ
写真を撮る **fotografare** フォトグラファーレ	味見をする **assaggiare** アッサッジャーレ
カードで支払う **usare la carta** ウザーレ ラ カルタ	この割引券を使う **usare questo buono sconto** ウザーレ クェスト ブオーノ スコント

> ～はどこですか？
> **Dov'è ～?**
> ドヴェー ～

レジ **la cassa** ラ カッサ		試着室 **il camerino** イル カメリーノ
エレベーター **l'ascensore** ラシェンソーレ	エスカレーター **la scala mobile** ラ スカーラ モビレ	階段 **la scala** ラ スカーラ
トイレ **il bagno** イル バニョ	案内所 **l'ufficio informazioni** ルッフィーチョ インフォルマツィオーニ	

お店で

（デパートで）〜はどこですか？
Dov'è ~ ?
ドヴェー 〜

*のついた単語は、Dove sono 〜?（ドヴェ ソノ）を使ってたずねます。

〜は何階ですか？
A che piano è ~ ?
ア ケ ピアノ エ 〜

*のついた単語は、A che piano sono 〜?（ア ケ ピアノ ソノ）を使ってたずねます。

婦人服	紳士服
l'abbigliamento da donna ラッビリャメント ダ ドンナ	**l'abbigliamento da uomo** ラッビリャメント ダ ウオモ

子ども服	ベビー用品
l'abbigliamento da bambino ラッビリャメント ダ バンビーノ	**gli articoli per neonati** * リ アルティーコリ ペル ネオナーティ

キッチン用品	バス用品
gli articoli da cucina * リ アルティーコリ ダ クチーナ	**gli articoli per il bagno** * リ アルティーコリ ペル イル バニョ

スポーツウェア	靴
l'abbigliamento sportivo ラッビリャメント スポルティーヴォ	**le scarpe** * レ スカルペ

香水	化粧品
i profumi * イ プロフーミ	**i cosmetici** * イ コズメーティチ

バッグ	文具
le borse * レ ボルセ	**la cancelleria** ラ カンチェッレリーア

本	食料品
i libri * イ リブリ	**gli alimenti** * リ アリメンティ

レストラン	カフェ
il ristorante イル リストランテ	**la caffetteria** ラ カッフェッテリーア

店でお願いする

~していただけますか?
Potrebbe ~?
ポトレッベ ~

包装する **incartarlo** インカルタールロ	箱に入れる **metterlo in un sacchetto** メッテルロ イン ウン サッケット
別の色にかえる **cambiare il colore** カンビャーレ イル コローレ	別のサイズにかえる **cambiare la taglia** カンビャーレ ラ タリャ
免税の手続きをする **fare le pratiche per il duty free** ファレ レ プラティケ ペル イル ディウティ フリー	日本へ送る **spedirlo in Giappone** スペディルロ イン ジャッポーネ
もう少し安くする **fare uno sconto** ファレ ウノ スコント	ちょっと待つ **aspettare un attimo** アスペッターレ ウン アッティモ

~をください。
Vorrei ~, per favore.
ヴォッレーイ ~ ペル ファヴォーレ

袋 **un sacchetto** ウン サッケット	おつり **il resto** イル レスト
レシート **lo scontrino** ロ スコントリーノ	カタログ **un catalogo** ウン カタロゴ

【コラム】数字の読み方

1	2	3	4	5
uno ウノ	**due** ドゥエ	**tre** トレ	**quattro** クァットロ	**cinque** チンクェ
6	7	8	9	10
sei セイ	**sette** セッテ	**otto** オット	**nove** ノーヴェ	**dieci** ディエチ
11	12	13	14	15
undici ウンディチ	**dodici** ドーディチ	**tredici** トレーディチ	**quattordici** クァットルディチ	**quindici** クィンディチ
16	17	18	19	20
sedici セーディチ	**diciassette** ディチアッセッテ	**diciotto** ディチョット	**diciannove** ディチアンノーヴェ	**venti** ヴェンティ
21	30	40	50	60
ventuno ヴェントゥノ	**trenta** トレンタ	**quaranta** クァランタ	**cinquanta** チンクァンタ	**sessanta** セッサンタ
70	80	90	100	200
settanta セッタンタ	**ottanta** オッタンタ	**novanta** ノヴァンタ	**cento** チェント	**duecento** ドゥエチェント
1,000	2,000	10,000		
mille ミッレ	**duemila** ドゥエミーラ	**diecimila** ディエチミーラ		

ユーロ

euro エウロ

「お店で」のやりとり

何かお探しですか？
Desidera?
デズィーデラ

今日は何時までですか？
Fino a che ora è aperto oggi?
フィノ ア ケ オラ エ アペルト オッジ

明日は何時から何時までですか？
Domani quando è aperto?
ドマーニ クァンド エ アペルト

これはセール品ですか？
Questo è in saldo?
クェスト エ イン サルド

免税の手続きをしてもらえますか？
Può fare le pratiche per il duty free?
プオー ファレ レ プラーティケ ペル イル ディウティ フリー

購入品をしばらく預かってもらえますか？
Posso lasciare qui gli acquisti per un po'?
ポッソ ラシャーレ クィ リ アックィスティ ペル ウン ポー

お直しにはどのくらいかかりますか？
Quanto tempo ci vuole per le modifiche?
クァント テンポ チ ヴオーレ ペル レ モディーフィケ

修理にはどのくらいかかりますか？
Quanto tempo ci vuole per le riparazioni?
クァント テンポ チ ヴオーレ ペル レ リパラツィオーニ

お店で

はい、〜を探しています。	いいえ、見ているだけです。
Sì, cercavo 〜.	**No, sto solo guardando.**
スィ チェルカーヴォ 〜	ノ スト ソロ グァルダンド

〜時までです。
Fino alle 〜.
フィノ アッレ 〜

〜時から…時までです。
Dalle 〜 alle ...
ダッレ 〜 アッレ …

はい、〜％引きです。	いいえ。
Sì, del 〜 %.	**No.**
スィ デル 〜 ペルチェント	ノ

はい、いたします。	あいにく、当店ではできません。
Sì.	**No, mi dispiace.**
スィ	ノ ミ ディスピャーチェ

はい、お預かりします。
Sì, prego.
スィ プレーゴ

すみません、当店ではそのサービスをしていません。
Mi dispiace, non offriamo questo servizio.
ミ ディスピャーチェ ノン オッフリアーモ クェスト セルヴィツィオ

〜日です。	〜週間です。
〜 giorni.*	**〜 settimane.***
〜 ジョルニ	〜 セッティマーネ

*これは2日（2週間）以上のときの言い方。
「1日」なら Un giorno.
（ウン ジョルノ）、
「1週間」なら Una settimana.
（ウナ セッティマーナ）
と言います。

「洋服を買う」の単語

洋服を買うときは、このフレーズ！

コートを探しています。
Cercavo un cappotto.
チェルカーヴォ　ウン　カッポット

洋服 **gli abiti** リ　アビティ	ジャケット **una giacca** ウナ　ジャッカ	コート **un cappotto** ウン　カッポット	スーツ **un completo** ウン　コンプレート
シャツ **una camicia** ウナ　カミーチャ	ブラウス **una camicetta** ウナ　カミチェッタ	セーター **un maglione** ウン　マリョーネ	
ワンピース **un vestito** ウン　ヴェスティート	スカート **una gonna** ウナ　ゴンナ		
カーディガン **un cardigan** ウン　カルディガン	ベスト **un gilé** ウン　ジレー	パンツ **dei pantaloni** デイ　パンタローニ	
Tシャツ **una maglietta** ウナ　マリェッタ	ノースリーブ **una maglietta smanicata** ウナ　マリェッタ　スマニカータ	キャミソール **un top** ウン　トップ	
ポロシャツ **una polo** ウナ　ポロ	ケープ **una cappa** ウナ　カッパ		
ジーンズ **dei jeans** デイ　ジンズ	トレーナー **una felpa** ウナ　フェルパ	ショートパンツ **dei pantaloncini** デイ　パンタロンチーニ	

洋服を買う

トレンチコート	un trench	ウン トレンチュ
ダウンコート	un piumino	ウン ピュミーノ
レインコート	un impermeabile	ウン インペルメアービレ
水着	un costume da bagno	ウン コストゥーメ ダ バニョ
ビキニ	un bikini	ウン ビキーニ
パジャマ	un pigiama	ウン ピジャーマ

下着
la biancheria intima
ラ ビャンケリーア インティマ

ブラジャー	un reggiseno	ウン レッジセーノ
パンティ	degli slip	デッリ ズリップ
ブリーフ	degli slip da uomo	デッリ ズリップ ダ ウオモ
トランクス	dei boxer	デイ ボクセル
Tバック	un tanga	ウン タンガ
靴下	dei calzini	デイ カルツィーニ
タイツ	una calzamaglia	ウナ カルツァマーリャ
ストッキング	delle calze	デッレ カルツェ

タイプ
i tipi
イ ティピ

長袖	a maniche lunghe	ア マニケ ルンゲ
半袖	a mezze maniche	ア メッゼ マニケ
七分袖	con le maniche a tre quarti	コン レ マニケ ア トレ クァルティ
タートルネック	con il collo alto	コン イル コッロ アルト
丸首	con il collo tondo	コン イル コッロ トンド
Vネック	con il collo a v	コン イル コッロ ア ヴー

「洋服を買う」の単語

洋服について聞くときは、このフレーズ！

黒はありますか？
C'è in nero?   チェ イン ネロ

色 **i colori** イ コローリ	黒 **nero** ネロ	白 **bianco** ビャンコ	グレー **grigio** グリージョ	茶 **marrone** マッロネ
紺 **blu scuro** ブルー スクーロ	青 **blu chiaro** ブルー キャーロ	黄 **giallo** ジャッロ	緑 **verde** ヴェルデ	赤 **rosso** ロッソ

黄緑 **verde chiaro** ヴェルデ キャーロ	紫 **viola** ヴィオーラ	ワインレッド色 **bordò** ボルドー	オレンジ **arancione** アランチョーネ
ベージュ **beige** ベージュ	カーキ **cachi** カーキ	水色 **azzurro** アッズッロ	パステル **pastello** パステッロ
暗い〜色 **〜 scuro** 〜 スクーロ	明るい〜色 **〜 chiaro** 〜 キャーロ	濃い〜色 **〜 intenso** 〜 インテンソ	淡い〜色 **〜 pallido** 〜 パッリド

柄 **le fantasie** レ ファンタズィーエ	無地 **a tinta unita** ア ティンタ ウニータ	ストライプ **a righe** ア リゲ	水玉 **a pois** ア プアー
チェック **a quadri** ア クァドリ	ペイズリー **a motivi cachemire** ア モティーヴィ カッシュミル		

洋服を買う

素材 / i materiali
イ マテリアーリ

ウール	in lana	イン ラナ
綿	in cotone	イン コトーネ
麻	in lino	イン リノ
シルク	in seta	イン セタ
シルク混合	in misto seta	イン ミスト セタ
カシミヤ	in cachemire	イン カッシュミル
モヘア	in mohair	イン モヘル
ビロード	in velluto	イン ヴェッルート
コーデュロイ	in velluto a coste	イン ヴェッルート ア コステ
デニム	in denim	イン デニム
ポリエステル	in poliestere	イン ポリエステレ
ナイロン	in nylon	イン ナイロン
レーヨン	in rayon	イン ラーヨン
ゴム	in gomma	イン ゴッマ
フランネル	in flanella	イン フラネッラ
毛皮	in pelliccia	イン ペッリッチャ
裏地	in fodera	イン フォーデラ

革 / i tipi di pelle
イ ティーピ ディ ペッレ

牛	di cuoio	ディ クォイオ
子牛	di vitello	ディ ヴィテッロ
羊	di pecora	ディ ペコラ
山羊	di capra	ディ カプラ
ミンク	di visone	ディ ヴィソーネ
ダチョウ	di struzzo	ディ ストルッツォ
ワニ	di coccodrillo	ディ コッコドリッロ
スエード	di camoscio	ディ カモーショ
エナメル	di vernice	ディ ヴェルニーチェ

「洋服を買う」の単語

洋服について聞くときは、このフレーズ！

夏物のカーディガンを探しています。
Cercavo un cardigan estivo.
チェルカーヴォ　ウン　カルディガン　エスティーヴォ

デザイン **modello** モデッロ	メンズ **da uomo** ダ　ウオモ	レディース **da donna** ダ　ドンナ	ユニセックス **unisex** ウニセックス
流行 **di moda** ディ　モダ	流行遅れ **fuori moda** フオリ　モダ	スタイル **lo stile** ロ　スティーレ	
上品 **elegante** エレガンテ	カジュアル **informale** インフォルマーレ	手触りがいい **morbido al tatto** モルビド　アル　タット	
地味 **sobrio** ソブリョ	派手 **vistoso** ヴィストーゾ	薄手 **leggero** レッジェーロ	厚手 **pesante** ペザンテ
フレアー **la svasatura** ラ　ズヴァザトゥーラ	ギャザー **l'arricciatura** ラッリッチャトゥーラ	リブ編み **la costa** ラ　コスタ	
春物 **primaverile** プリマヴェリーレ	夏物 **estivo** エスティーヴォ	秋物 **autunnale** アウトゥンナーレ	冬物 **invernale** インヴェルナーレ
襟 **il colletto** イル　コッレット	ボタン **il bottone** イル　ボットーネ	ポケット **la tasca** ラ　タスカ	

洋服を買う

サイズ	la taglia	ラ タリャ
大きい	grande	グランデ
小さい	piccolo	ピッコロ
長い	lungo	ルンゴ
短い	corto	コルト
ぴったり	a pennello	ア ペンネッロ
ゆるい	largo	ラルゴ
きつい	stretto	ストレット
幅	la larghezza	ラ ラルゲッツァ
丈	la lunghezza	ラ ルンゲッツァ
首	il collo	イル コッロ
胸	il torace	イル トラーチェ
ウエスト	la vita	ラ ヴィタ
袖	le maniche	レ マニケ
ヒップ	i fianchi	イ フィアンキ
肩	le spalle	レ スパッレ

サイズ比較表（目安）

女性	洋服	日本	3	5	7	9	11	13	15
		イタリア	34	36	38	40	42	44	46
	靴	日本	22	22.5	23	23.5	24	24.5	25
		イタリア	35	35.5	36	36.5	37	37.5	38
男性	洋服	日本	S		M		L		
		イタリア	44	46	48	50	52	54	
	靴	日本	24.5	25	25.5	26	26.5	27	27.5
		イタリア	39	40	41	42	43	44	45

＊メーカーによってかなり差があるので、必ず試着してから購入したほうがよい。

試着する

> ～を見せてもらえますか？
> **Potrebbe mostrarmi ～?**
> ポトレッベ モストラルミ ～

あれ	棚の上にあるもの
quello	quello sullo scaffale
クェッロ	クェッロ スッロ スカッファーレ

マネキンが着てる服	ショーウィンドウに飾ってあるもの
il vestito sul manichino	quello in vetrina
イル ヴェスティート スル マニキーノ	クェッロ イン ヴェトリーナ

> ～がきついです。
> **～ è troppo stretto.**
> ～ エ トロッポ ストレット

> ～がだぶだぶです。
> **～ è troppo largo.**
> ～ エ トロッポ ラルゴ

首	肩	胸	脇の下
di collo	di spalle	di torace	sotto le ascelle
ディ コッロ	ディ スパッレ	ディ トラチェ	ソット レ アシェッレ

ウエスト	ヒップ	もも
di vita	di fianchi	di cosce
ディ ヴィタ	ディ フィアンキ	ディ コシェ

> ～が長いです。
> **～ è lungo.**
> ～ エ ルンゴ

> ～が短いです。
> **～ è corto.**
> ～ エ コルト

裾	袖
l'orlo	la manica *
ロルロ	ラ マニカ

*la manica には、
～ è lunga.(エ ルンガ)、
～ è corta.(エ コルタ)を
使います。

洋服を買う

～を持ってきてもらえますか？
Potrebbe portare ～?
ポトレッベ　ポルターレ ～

色違い
altri colori
アルトリ　コローリ

大きいサイズ
una taglia più grande
ウナ　タリャ　ピュー　グランデ

小さいサイズ
una taglia più piccola
ウナ　タリャ　ピュー　ピッコラ

違うデザイン
altri modelli
アルトリ　モデッリ

違う素材
altri materiali
アルトリ　マテリアーリ

もうひとつのほう
l'altro
ラルトロ

柄物
qualcosa a fantasia
クァルコーザ　ア　ファンタズィーア

無地
qualcosa in tinta unita
クァルコーザ　イン　ティンタ　ウニータ

手に取ってもいいですか？
Posso prenderlo in mano?
ポッソ　プレンデルロ　イン　マノ

これを試着してもいいですか？
Posso provarlo?
ポッソ　プロヴァルロ

見てるだけです。
Sto solo guardando.
スト　ソロ　グァルダンド

ちょっと考えさせてください。
Vorrei pensarci su.
ヴォッレーイ　ペンサルチ　ス

希望を伝える

> もっと〜なものがいいです。
> **Vorrei qualcosa di più 〜.**
> ヴォッレーイ クァルコーザ ディ ピュー 〜

上品 **elegante** エレガンテ	派手 **vistoso** ヴィストーゾ	地味 **sobrio** ソブリオ
今風 **moderno** モデルノ	フォーマル **formale** フォルマーレ	カジュアル **informale** インフォルマーレ
厚手 **pesante** ペザンテ	薄手 **leggero** レッジェーロ	大人っぽい **adulto** アドゥルト

> これに合う〜はありますか?
> **Avete 〜 che vadano bene con questo?**
> アヴェーテ 〜 ケ ヴァダーノ ベネ コン クェスト

スカート **gonne** ゴンネ	パンツ **pantaloni** パンタローニ	ジャケット **giacche** ジャッケ	ブラウス **camicette** カミチェッテ
スカーフ **sciarpe** シャルペ	ベルト **cinture** チントゥーレ	インナー **indumenti intimi** インドゥメンティ インティミ	靴 **scarpe** スカルペ

購入する

洋服を買う

～できますか？
Posso ～?
ポッソ ～

クレジットカードで払う	2回払いにする
pagare con la carta di credito パガーレ コン ラ カルタ ディ クレーディト	**pagare in due rate** パガーレ イン ドゥエ ラテ
トラベラーズチェックで払う	着て帰る
pagare con i traveller's cheque パガーレ コン イ トラヴェレルズ チェック	**tenerlo addosso** テネルロ アッドッソ

～してもらえますか？
Potrebbe ～?
ポトレッベ ～

裾上げ	プレゼント用に包む
fare l'orlo ファレ ロルロ	**fare un pacco regalo** ファレ ウン パッコ レガーロ
別々に包む	免税手続き
incartarlo a parte インカルタルロ ア パルテ	**fare la fattura per il duty free** ファレ ラ ファットゥーラ ペル イル ディウティー フリー

これにします。
Prendo questo.
プレンド クェスト

ありがとうございました。さようなら。
Grazie, arrivederLa.
グラッツィエ アッリヴェデールラ

「洋服を買う」のやりとり

(写真を見せながら)このようなものを探しているのですが。
Cercavo una cosa così.
チェルカーヴォ ウナ コーザ コズィー

ディスプレイにあるのと同じものを購入したいのですが。
Vorrei comprare uno di quelli in esposizione.
ヴォッレーイ コンプラーレ ウノ ディ クェッリ イン エスポズィツィオーネ

これの新品はありますか?
Ne avete uno nuovo?
ネ アヴェーテ ウノ ヌオーヴォ

ええ、お持ちしましょう。
Sì, lo porto subito.
スィ ロ ポルト スービト

これは家で洗えますか?
Si può lavare a casa?
スィ プオー ラヴァーレ ア カーザ

これをください。
Prendo questo.
プレンド クェスト

お支払いはどうなさいますか?
Come desidera pagare?
コメ デズィーデラ パガーレ

返品の条件はありますか?
Entro quanto posso cambiarlo?
エントロ クァント ポッソ カンビャルロ

洋服を買う

うちにはないですね。
Non ne abbiamo.
ノン ネ アッビャーモ

これなんかどうです？
Come Le sembra questo?
コメ レ センブラ クェスト

そちらは現品限りです。
Quelli sono solo da esposizione.
クェッリ ソノ ソロ ダ エスポズィツィオーネ

こちらに同じものがございます。
Eccone uno uguale.
エッコネ ウノ ウグァーレ

見てきます。
Vado a vedere.
ヴァド ア ヴェデーレ

手洗いしてください。
Si può lavare a mano.
スィ プオー ラヴァーレ ア マノ

洗濯機で洗えます。
Si può lavare in lavatrice.
スィ プオー ラヴァーレ イン ラヴァトリーチェ

クリーニングに出してください。
Va portato in lavanderia.
ヴァ ポルタート イン ラヴァンデリーア

カードですか、現金ですか？
Con la carta o in contanti?
コン ラ カルタ オ イン コンタンティ

〜 以内なら可能です。
Entro 〜.
エントロ 〜

返品不可です。
Non si può cambiare.
ノン スィ プオー カンビャーレ

「服飾雑貨・小物を買う」の単語

服飾雑貨・小物を買うときは、このフレーズ！

手袋を買いたいのですが。
Vorrei comprare dei guanti.
ヴォッレーイ　コンプラーレ　デイ　グァンティ

服飾雑貨
accessori vari
アッチェッソーリ　ヴァーリ

ネクタイ
una cravatta
ウナ　クラヴァッタ

スカーフ／マフラー
una sciarpa
ウナ　シャルパ

ストール
una stola
ウナ　ストーラ

ショール
uno scialle
ウノ　シャッレ

手袋
dei guanti
デイ　グァンティ

ハンカチ
un fazzoletto
ウン　ファッツォレット

ポケットチーフ
un fazzoletto da taschino
ウン　ファッツォレット　ダ　タスキーノ

帽子
un cappello
ウン　カッペッロ

ベレー帽
un basco
ウン　バスコ

ハンチング
una coppola
ウナ　コッポラ

ベルト
una cintura
ウナ　チントゥーラ

ネクタイピン
un fermacravatta
ウン　フェルマクラヴァッタ

カフスボタン
dei gemelli
デイ　ジェメッリ

小物
gli accessori
リ　アッチェッソーリ

財布
un portafoglio
ウン　ポルタフォリョ

小銭入れ
un portamonete
ウン　ポルタモネーテ

カードケース
un porta carte di credito
ウン　ポルタ　カルテ　ディ　クレーディト

キーホルダー
un portachiavi
ウン　ポルタキャーヴィ

服飾雑貨・小物を買う

腕時計	傘	折りたたみ傘
un orologio ウン オロロージョ	**un ombrello** ウン オンブレッロ	**un ombrello pieghevole** ウン オンブレッロ ピェゲーヴォレ

めがね	サングラス
degli occhiali デッリ オッキャーリ	**degli occhiali da sole** デッリ オッキャーリ ダ ソレ

めがねケース	キーケース
una custodia per occhiali ウナ クストーディア ペル オッキャーリ	**una custodia per chiavi** ウナ クストーディア ペル キャーヴィ

ブランド **le marche** レ マルケ	プラダ **Prada** プラダ	グッチ **Gucci** グッチ
ブルガリ **Bulgari** ブルガリ	フェラガモ **Ferragamo** フェッラガーモ	マックス・マーラ **Max Mara** マックス マーラ
フルラ **Furla** フルラ	アルマーニ **Armani** アルマーニ	フェンディ **Fendi** フェンディ
ドルチェ&ガッバーナ **Dolce & Gabbana** ドルチェ エ ガッバーナ	ディーゼル **Diesel** ディーゼル	ベネトン **Benetton** ベネットン
ミュウミュウ **Miu Miu** ミュウ ミュウ	ヴェルサーチ **Versace** ヴェルサーチェ	エトロ **Etro** エトロ

欲しいものを伝える

> ～な（デザインの）ものを探しています。
> **Cercavo qualcosa di ～.**
> チェルカーヴォ クァルコーザ ディ ～

シンプル	派手	オリジナル
semplice センプリチェ	**vistoso** ヴィストーゾ	**originale** オリジナーレ
フォーマル	カジュアル	今年流行している
formale フォルマーレ	**informale** インフォルマーレ	**moda quest'anno** モダ クェスタンノ

> もっと～ものがいいです。
> **Vorrei qualcosa di più ～.**
> ヴォッレーイ クァルコーザ ディ ピュー ～

軽い	大きい	小さい
leggero レッジェーロ	**grande** グランデ	**piccolo** ピッコロ
丈夫な	おしゃれな	安い
resistente レズィステンテ	**elegante** エレガンテ	**economico** エコノーミコ

手触りのいい	目立つ
morbido al tatto モルビド アル タット	**appariscente** アッパリシェンテ

お願いする

服飾雑貨・小物を買う

～してもらえますか？
Potrebbe ～？
ポトレッベ ～

プレゼント用に包む	
fare un pacco regalo	
ファレ　ウン　パッコ　レガーロ	

別々に包む	箱に入れる
incartarli separatamente	**metterlo in una scatola**
インカルタルリ　セパラタメンテ	メッテルロ　イン　ウナ　スカートラ

～をもらえますか？
Posso avere ～？
ポッソ　アヴェーレ ～

袋を個数分	領収書	保証書
un sacchetto per ciascuno	**la ricevuta**	**la garanzia**
ウン　サッケット　ペル　チャスクーノ	ラ　リチェヴータ	ラ　ガランツィーア

取り置きしていただけますか？
Potrebbe tenerlo da parte?
ポトレッベ　テネルロ　ダ　パルテ

修理していただけますか？
Potrebbe ripararlo?
ポトレッベ　リパラルロ

「服飾雑貨・小物を買う」のやりとり

どなたへのプレゼントですか？
Per chi è il regalo?
ペル キ エ イル レガーロ

父です。
Per mio padre.
ペル ミオ パドレ

母です。
Per mia madre.
ペル ミア マドレ

いくつぐらいの方ですか？
Che età ha più o meno?
ケ エター ア ピュー オ メノ

30代です。
Una trentina di anni.
ウナ トレンティーナ ディ アンニ

10代です。
Una decina di anni.
ウナ デチーナ ディ アンニ

40代です。
Una quarantina di anni.
ウナ クァランティーナ ディ アンニ

20代です。
Una ventina di anni.
ウナ ヴェンティーナ ディ アンニ

50代です。
Una cinquantina di anni.
ウナ チンクァンティーナ ディ アンニ

新品はありますか？
Ne avete uno nuovo?
ネ アヴェーテ ウノ ヌオーヴォ

はい、お出しします。
Sì, lo vado a prendere.
スィ ロ ヴァド ア プレンデレ

ほかにもご覧になりますか？
Le serve altro?
レ セルヴェ アルトロ

いいえ、もう大丈夫です。
No, basta così.
ノ バスタ コズィー

服飾雑貨・小物を買う

夫です。
Per mio marito.
ペル ミオ マリート

息子です。
Per mio figlio.
ペル ミオ フィリョ

妻です。
Per mia moglie.
ペル ミア モリエ

娘です。
Per mia figlia.
ペル ミア フィリャ

彼です。
Per il mio ragazzo.
ペル イル ミオ ラガッツォ

彼女です。
Per la mia ragazza.
ペル ラ ミア ラガッツァ

60代です。
Una sessantina di anni.
ウナ セッサンティーナ ディ アンニ

70代です。
Una settantina di anni.
ウナ セッタンティーナ ディ アンニ

80代です。
Un'ottantina di anni.
ウン オッタンティーナ ディ アンニ

あいにく現品限りです。
Purtroppo è un pezzo unico.
プルトロッポ エ ウン ペッツォ ウーニコ

他の店に問い合わせてみます。
Provo a chiedere all'altro negozio.
プロヴォ ア キェーデレ アッラルトロ ネゴツィオ

はい、もう少し見ます。
Sì, guardo ancora un po'.
スィ グァルド アンコーラ ウン ポ

「バッグ・靴を買う」の単語

バッグ・靴を買うときは、このフレーズ！

ボストンバッグを探しています。
Cercavo una borsa da viaggio.
チェルカーヴォ ウナ ボルサ ダ ヴィアッジョ

バッグ **le borse** レ ボルセ	ハンドバッグ **una borsetta** ウナ ボルセッタ	ショルダーバッグ **una borsa a spalla** ウナ ボルサ ア スパッラ

ななめがけバッグ **una borsa a tracolla** ウナ ボルサ ア トラコッラ	トートバッグ **una sporta** ウナ スポルタ
リュックサック **uno zaino** ウノ ザイノ	ボストンバッグ **una borsa da viaggio** ウナ ボルサ ダ ヴィアッジョ
アタッシュケース **una valigetta** ウナ ヴァリジェッタ	ブリーフケース **una ventiquattrore** ウナ ヴェンティクァットローレ
スーツケース **una valigia** ウナ ヴァリージャ	エコバッグ **una borsa ecologica** ウナ ボルサ エコロージカ

革 **in pelle** イン ペッレ	合成 **sintetica** スィンテーティカ	ナイロン **di nylon** ディ ナイロン	布 **in stoffa** イン ストッファ

大きい **grande** グランデ	小さい **piccola** ピッコラ

バッグ・靴を買う

| 靴
le scarpe
レ スカルペ | ハイヒール
col tacco
コル タッコ | パンプス
le decollete
レ デコルテー | サンダル
i sandali
イ サンダリ |

| ショートブーツ
gli stivaletti
リ スティヴァレッティ | ロングブーツ
gli stivali
リ スティヴァーリ | ブーティー
i tronchetti
イ トロンケッティ |

| ローファー
i mocassini
イ モカッスィーニ | ミュール
i sabot
イ サボー | フラットシューズ
le ballerine
レ バッレリーネ | |

| スニーカー
le scarpe da ginnastica
レ スカルペ ダ ジンナスティカ | ウォーキングシューズ
le scarpe da passeggio
レ スカルペ ダ パッセッジョ |

| レインシューズ
le scarpe da pioggia
レ スカルペ ダ ピョッジャ | ビーチサンダル
i sandali da spiaggia
イ サンダリ ダ スピャッジャ |

| バックル
la fibbia
ラ フィッビャ | ストラップ
il cinturino
イル チントゥリーノ | ひも
il laccio
イル ラッチョ |

| 革
di pelle
ディ ペッレ | かかと
il tallone
イル タッローネ | くるぶし
la caviglia
ラ カヴィリャ | 幅
la larghezza
ラ ラルゲッツァ |

| つま先
la punta del piede
ラ プンタ デル ピェーデ | 足の甲
il collo del piede
イル コッロ デル ピェーデ |

欲しいものを伝える

> ～はどれですか？
> **Qual è ～?**
> クァルエー ～

新作	定番
l'ultimo ルルティモ	**il più classico** イル ピュー クラッスィコ

いちばん人気があるもの	いちばん売れているもの
il più popolare イル ピュー ポポラーレ	**il più venduto** イル ピュー ヴェンドゥート

素材のいいもの	手作りのもの
fatto col materiale migliore ファット コル マテリャーレ ミリョーレ	**fatto a mano** ファット ア マノ

日本未入荷のもの	セール品
non ancora esportato in Giappone ノン アンコーラ エスポルタート イン ジャッポーネ	**in saldo** イン サルド

> ～を探しています。
> **Cercavo ～.**
> チェルカーヴォ ～

このくらいの大きさのバッグ	パーティー用のもの
una borsa grande così ウナ ボルサ グランデ コズィー	**qualcosa per una festa** クァルコーザ ペル ウナ フェスタ

カジュアルなもの	履きやすいもの
qualcosa di informale クァルコーザ ディ インフォルマーレ	**qualcosa di comodo** クァルコーザ ディ コモド

A4サイズの入るバッグ
una borsa che può contenere un A4
ウナ ボルサ ケ プオー コンテネーレ ウン ア クァットロ

この服に合うもの
qualcosa che stia bene con questo vestito
クァルコーザ ケ スティア ベネ コン クェスト ヴェスティート

バッグ・靴を買う

～を持ってきてもらえますか？
Potrebbe portare ～?
ポトレッベ ポルターレ ～

これの色違い	これと似たもの
delle varianti di colore デッレ ヴァリャンティ ディ コローレ	**qualcosa di simile** クァルコーザ ディ スィミレ
もっと大きいもの	もっと小さいもの
qualcosa di più grande クァルコーザ ディ ピュー グランデ	**qualcosa di più piccolo** クァルコーザ ディ ピュー ピッコロ

～はありますか？
Avete ～?
アヴェーテ ～

試着用のソックス	試着用のストッキング
dei calzini di prova ディ カルツィーニ ディ プローヴァ	**delle calze di prova** デッレ カルツェ ディ プローヴァ
靴べら	靴クリーム
un calzascarpe ウン カルツァスカルペ	**del lucido da scarpe** デル ルチド ダ スカルペ
中敷き	防水スプレー
una soletta ウナ ソレッタ	**dello spray impermeabilizzante** デッロ スプラーイ インペルメアビリッザンテ

履いてみてもいいですか？
Posso provarle?
ポッソ プロヴァールレ

やはり結構です。
Grazie lo stesso.
グラッツィエ ロ ステッソ

「バッグ・靴を買う」のやりとり

(写真を見せながら)こういうのが欲しいのですが。
Ne vorrei uno così.
ネ ヴォッレーイ ウノ コズィー

素材は何ですか？
Che materiale è?
ケ マテリアーレ エ

きついみたいです。
Sono troppo strette.
ソノ トロッポ ストレッテ

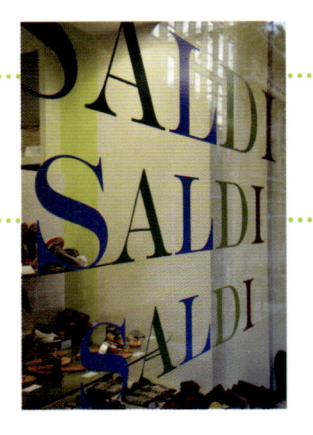

大きすぎるみたいです。
Sembrano troppo grandi.
センブラノ トロッポ グランディ

履いて帰りたいのですが。
Vorrei tenerle ai piedi.
ヴォッレーイ テネルレ アイ ピェーディ

バッグ・靴を買う

当店にはあいにくありません。
Mi dispiace ma non ce l'abbiamo.
ミ ディスピャーチェ マ ノン チェ ラッビャーモ

お持ちします。
Lo porto subito.
ロ ポルト スービト

革です。
É pelle.
エ ペッレ

合皮です。
É pelle sintetica.
エ ペッレ スィンテーティカ

ナイロンです。
É nylon.
エ ナイロン

ワンサイズ上のものをお持ちします。
Le porto un numero in più.
レ ポルト ウン ヌーメロ イン ピュー

だんだん伸びますよ。
Si allargano a poco a poco.
スィ アッラルガノ ア ポコ ア ポコ

小さいサイズを試してみましょう。
Proviamo un numero in meno.
プロヴィアーモ ウン ヌーメロ イン メノ

もうそれしかないんてすよ。
É l'unico paio.
エ ルーニコ パヨ

もちろん構いませんよ。
Va bene.
ヴァ ベネ

古い靴を箱にお入れしますか?
Metto le sue scarpe nella scatola?
メット レ スエ スカルペ ネッラ スカートラ

「アクセサリー・化粧品を買う」の単語

アクセサリー・化粧品を買うときは、このフレーズ！

ネックレスを探しています。
Cercavo una collana.
チェルカーヴォ　ウナ　コッラーナ

アクセサリー **i gioielli** イ　ジョイエッリ	指輪 **un anello** ウン　アネッロ	ネックレス **una collana** ウナ　コッラーナ
ピアス **degli orecchini** デッリ　オレッキーニ	イヤリング **degli orecchini a clip** デッリ　オレッキーニ　ア　クリップ	ブローチ **una spilla** ウナ　スピッラ
ブレスレット **un braccialetto** ウン　ブラッチャレット	ペンダントトップ **un pendente** ウン　ペンデンテ	ネクタイピン **un fermacravatta** ウン　フェルマクラヴァッタ
	アンクレット **una cavigliera** ウナ　カヴィリェーラ	カメオ **un cammeo** ウン　カッメオ
エンゲージリング **un anello di fidanzamento** ウン　アネッロ　ディ　フィダンツァメント		

宝石 **le pietre preziose** レ　ピエトレ　プレツィオーゼ	ゴールド **l'oro** ローロ	シルバー **l'argento** ラルジェント	パール **la perla** ラ　ペルラ
ダイヤモンド **il diamante** イル　ディアマンテ	プラチナ **il platino** イル　プラティノ	サファイア **lo zaffiro** ロ　ザッフィロ	ルビー **il rubino** イル　ルビーノ

アクセサリー・化粧品を買う

化粧品 **i cosmetici** イ コズメーティチ	ファンデーション **il fondotinta** イル フォンドティンタ	コンシーラー **il correttore** イル コッレットーレ

パウダー **la cipria** ラ チプリア	チーク **il fard** イル ファル	アイシャドウ **l'ombretto** ロンブレット	マスカラ **il mascara** イル マスカーラ

アイライナー
l'eyeliner / la matita per occhi
ライライネル / ラ マティータ ペル オッキ

アイブロウペンシル **la matita per sopracciglia** ラ マティータ ペル ソプラッチーリャ	口紅 **il rossetto** イル ロッセット

リップグロス **il lucidalabbra** イル ルチダラッブラ	ハンドクリーム **la crema per le mani** ラ クレーマ ペル レ マニ	化粧水 **il tonico** イル トニコ

乳液 **il latte di bellezza** イル ラッテ ディ ベッレッツァ	美容液 **il siero** イル スィエロ	洗顔クリーム **il detergente** イル デテルジェンテ

クリーム **la crema** ラ クレーマ	パック **la maschera** ラ マスケラ	香水 **il profumo** イル プロフーモ

オードトワレ **l'eau de toilette** ロー ド トゥアレ	マニキュア **lo smalto** ロ スマルト

欲しいものを伝える

> ～を見せてもらえますか？
> **Mi fa vedere ～?**
> ミ ファ ヴェデーレ ～

これ	あれ
questo クェスト	**quello** クェッロ

手前のもの	真ん中のもの
quello davanti クェッロ ダヴァンティ	**quello in mezzo** クェッロ イン メッゾ
奥のもの	右のもの
quello in fondo クェッロ イン フォンド	**quello a destra** クェッロ ア デストラ
左のもの	新商品
quello a sinistra クェッロ ア スィニストラ	**i nuovi prodotti** イ ヌオーヴィ プロドッティ

> 私は～肌です。
> **Ho la pelle ～.**
> オ ラ ペッレ ～

乾燥		
secca セッカ		
オイリー	普通	敏感
grassa グラッサ	**normale** ノルマーレ	**sensibile** センスィービレ
混合	アレルギー	ニキビ
mista ミスタ	**allergica** アッレルジカ	**con acne** コン アクネ

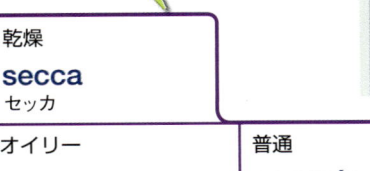

アクセサリー・化粧品を買う

～に悩んでます。
Ho il problema ～.
オ イル プロブレーマ ～

シミ	しわ	肌のくすみ
delle macchie デッレ マッキエ	**delle rughe** デッレ ルーゲ	**delle imperfezioni** デッレ インペルフェツィオーニ
そばかす	毛穴	くま
delle lentiggini デッレ レンティッジニ	**dei pori** デイ ポリ	**delle occhiaie** デッレ オッキャイエ

～はどれですか？
Quale ～?
クァレ ～

流行色	人気の商品
colore va di moda コローレ ヴァ ディ モダ	**è il prodotto più popolare** エ イル プロドット ピュー ポポラーレ
いちばん売れているもの	自然化粧品
è il più venduto エ イル ピュー ヴェンドゥート	**è un cosmetico naturale** エ ウン コズメティコ ナトゥラーレ

～へのプレゼントを探しています。
Cercavo un regalo per ～.
チェルカーヴォ ウン レガーロ ペル ～

妻	夫	娘	息子
mia moglie ミア モリェ	**mio marito** ミオ マリート	**mia figlia** ミア フィリャ	**mio figlio** ミオ フィリョ

彼女	彼	女の友人	男の友人
la mia ragazza ラ ミア ラガッツァ	**il mio ragazzo** イル ミオ ラガッツォ	**un'amica** ウン アミーカ	**un amico** ウン アミーコ

「アクセサリー・化粧品を買う」のやりとり

指輪をはめてみてもいいですか？
Posso provare l'anello?
ポッソ　プロヴァーレ　ラネッロ

彼女へのプレゼントを探しているのですが。
Cercavo un regalo per la mia ragazza.
チェルカーヴォ　ウン　レガーロ　ペル　ラ　ミア　ラガッツァ

この写真の商品が欲しいのですが。
Vorrei questo in foto.
ヴォッレーイ　クェスト　イン　フォト

これの詰め替え用はありますか？
Avete la ricarica?
アヴェーテ　ラ　リカーリカ

プレゼント用に包装してください。
Potrebbe fare un pacchetto regalo?
ポトレッベ　ファレ　ウン　パッケット　レガーロ

アクセサリー・化粧品を買う

ええ、どうぞ。
Sì, prego.
スィ プレーゴ

サイズをお測りします。
Le prendo la misura.
レ プレンド ラ ミズーラ

どんなジュエリーですか？
Che tipo di gioiello?
ケ ティーポ ディ ジョイエッロ

ご予算は？
A che cifra pensava?
ア ケ チフラ ペンサーヴァ

こちらになります。
Eccolo.
エッコロ

当店にはありません。
Non ne abbiamo.
ノン ネ アッビャーモ

取り寄せになります。
Lo dobbiamo ordinare.
ロ ドッビャーモ オルディナーレ

ございます。
Sì.
スィ

今はないのですが。
L'abbiamo finita.
ラッビャーモ フィニータ

箱にお入れしますか？
Lo metto nella scatola?
ロ メット ネッラ スカートラ

有料になりますが、よろしいですか？
Si paga a parte, va bene lo stesso?
スィ パガ ア パルテ ヴァ ベネ ロ ステッソ

「文房具・キッチン用品を買う」の単語

文房具・キッチン用品を買うときは、このフレーズ！

万年筆を探しています。
Vorrei una stilografica.
ヴォッレーイ ウナ スティログラーフィカ

| 文房具
la cancelleria
ラ カンチェッレリーア | ペン
una penna
ウナ ペンナ | えんぴつ
una matita
ウナ マティータ |

シャープペンシル
un portamine
ウン ポルタミーネ

万年筆
una stilografica
ウナ スティログラーフィカ

インク
dell'inchiostro
デッリンキョストロ

インクカートリッジ
una cartuccia
ウナ カルトゥッチャ

ノート
un quaderno
ウン クァデルノ

封筒
una busta
ウナ ブスタ

便せん
della carta da lettere
デッラ カルタ ダ レッテレ

しおり
un segnalibro
ウン セニャリーブロ

手帳
un taccuino
ウン タックィーノ

ペーパーナイフ
un tagliacarte
ウン タリャカールテ

カレンダー
un calendario
ウン カレンダーリオ

マウスパッド
un tappetino per il mouse
ウン タッペティーノ ペル イル マウズ

写真立て
un portafoto
ウン ポルタフォート

ラッピングペーパー
della carta da regalo
デッラ カルタ ダ レガーロ

文房具・キッチン用品を買う

キッチン用品
gli utensili da cucina
リ ウテンスィリ ダ クチーナ

コーヒーカップ
la tazzina da caffè
ラ タッツィーナ ダ カッフェー

カップ&ソーサー
tazza e piattino
タッツァ エ ピャッティーノ

スプーン
il cucchiaio
イル クッキャーヨ

フォーク
la forchetta
ラ フォルケッタ

ナイフ
il coltello
イル コルテッロ

グラス
il bicchiere
イル ビッキェーレ

ワイングラス
il bicchiere da vino
イル ビッキェーレ ダ ヴィノ

皿
il piatto
イル ピャット

大皿
il piatto piano
イル ピャット ピャーノ

マグカップ
la tazza
ラ タッツァ

コースター
il sottobicchiere
イル ソットビッキェーレ

ワインオープナー
il cavatappi
イル カヴァタッピ

パスタマシン
la macchina per la pasta
ラ マッキナ ペル ラ パスタ

チーズスライサー
il taglia formaggio
イル タリャ フォルマッジョ

エスプレッソマシン
la moka
ラ モカ

まな板
il tagliere
イル タリェーレ

テーブルクロス
la tovaglia
ラ トヴァーリャ

ランチョンマット
la tovaglietta
ラ トヴァリエッタ

鍋つかみ
la presina
ラ プレズィーナ

147

欲しいものを伝える

> ～はありますか？
> **C'è ～?**
> チェ ～

別の形	別の素材
in un altra forma	**in un altro materiale**
イン　ウン　アルトラ　フォルマ	イン　ウン　アルトロ　マテリャーレ

別の色
in un altro colore
イン　ウン　アルトロ　コローレ

別のサイズ	セット
in un'altra grandezza	**il servizio**
イン　ウン　アルトラ　グランデッツァ	イル　セルヴィーツィオ

お皿のセット	リフィル（詰替用）
il set di piatti	**la ricarica**
イル　セッツ　ディ　ピャッティ	ラ　リカーリカ

商品についてたずねる

> これは～で使えますか？
> **Si può mettere ～?**
> スィ　プオー　メッテレ ～

電子レンジ
nel microonde
ネル　ミクロオンデ

食洗機	オーブン
nella lavastoviglie	**in forno**
ネッラ　ラヴァストヴィーリェ	イン　フォルノ

文房具・キッチン用品を買う

この素材は〜ですか？
Questo materiale è 〜 ?
クェスト マテリャーレ エ 〜

木	革	金属	シルバー
legno	**pelle**	**metallo**	**argento**
レーニョ	ペッレ	メタッロ	アルジェント
鉄	プラスチック	アルミ	銅
acciaio	**plastica**	**alluminio**	**rame**
アッチャイオ	プラースティカ	アッルミーニオ	ラーメ
ステンレス	セラミック	ガラス	シリコン
acciaio inox	**ceramica**	**vetro**	**silicone**
アッチャイオ イノックス	チェラーミカ	ヴェトロ	スィリコーネ

この商品は傷がついています。
Questo oggetto è rovinato.
クェスト オッジェット エ ロヴィナート

これは売り物ですか？
Questo è in vendita?
クェスト エ イン ヴェンディタ

ここが汚れています。
Qui è sporco.
クィ エ スポルコ

これは日本で使えますか？
Si può usare in Giappone?
スィ プオー ウザーレ イン ジャッポーネ

手に取ってみてもいいですか？
Posso prenderlo in mano?
ポッソ プレンデルロ イン マノ

「文房具・キッチン用品を買う」のやりとり

これに名前を入れてもらえますか？
Può metterci il mio nome?
プオー　メッテルチ　イル　ミオ　ノメ

これは電子レンジで使えますか？
Questo si può usare nel microonde?
クエスト　スィ　プオー　ウザーレ　ネル　ミクロオンデ

このお皿と同じ柄のカップはありますか？
Avete delle tazze uguali a questi piatti?
アヴェーテ　デッレ　タッツェ　ウグァーリ　ア　クエスティ　ピャッティ

割れないように包んでほしいのですが。
Può incartarmeli in modo che non si rompano?
プオー　インカルタルメリ　イン　モド　ケ　ノン　スィ　ロンパノ

日本に送ってもらえますか？
È possibile spedire in Giappone?
エ　ポッスィービレ　スペディーレ　イン　ジャッポーネ

文房具・キッチン用品を買う

はい、何とお入れしますか？
Sì, che nome?
スィ ケ ノメ

それはできかねます。
Questo non è possibile.
クェスト ノン エ ポッスィービレ

はい、大丈夫です。
Sì, si può.
スィ スィ プオー

いいえ、できません。
No, non si può.
ノ ノン スィ プオー

ええ、こちらへどうぞ。
Sì, venga.
スィ ヴェンガ

セットのものはございません。
Non c'è il servizio.
ノン チェ イル セルヴィツィオ

かしこまりました。
Certo.
チェルト

別料金になります。
Questo servizio è a parte.
クェスト セルヴィツィオ エ ア パルテ

お名前とご住所をお願いします。
Mi dia il suo nome e indirizzo, per favore.
ミ ディア イル スオ ノメ エ インディリッツォ ペル ファヴォーレ

あいにくですが、できかねます。
Mi dispiace, non è possibile.
ミ ディスピャーチェ ノン エ ポッスィービレ

「食料品・日用品・薬を買う」の単語

食料品・日用品・薬を買うときは、このフレーズ！

乾燥ポルチーニは売っていますか？
Avete i porcini secchi?
アヴェーテ イ ポルチーニ セッキ

食料品 gli alimenti リ アリメンティ	パン il pane イル パーネ	チーズ il formaggio イル フォルマッジョ
ミネラルウォーター l'acqua minerale ラックァ ミネラーレ	パスタ la pasta ラ パスタ	生パスタ la pasta fresca ラ パスタ フレスカ
パスタソース i sughi イ スーギ	びん詰 i vasetti イ ヴァゼッティ	缶詰 i barattoli イ バラットリ
自然食品 i prodotti biologici イ プロドッティ ビョロージチ	オリーブオイル l'olio d'oliva ロリオ ドリーヴァ	ワイン il vino イル ヴィノ
乾燥ポルチーニ i porcini secchi イ ポルチーニ セッキ	乾燥トマト i pomodori secchi イ ポモドーリ セッキ	クッキー i biscotti イ ビスコッティ
	チョコレート il cioccolato イル チョッコラート	ジャム la marmellata ラ マルメッラータ
ハチミツ il miele イル ミエーレ	果物 la frutta ラ フルッタ	

食料品・日用品・薬を買う

日用品
oggetti di uso quotidiano
オッジェッティ ディ ウゾ クォティディアーノ

歯ブラシ
lo spazzolino da denti
ロ スパッツォリーノ ダ デンティ

歯みがき粉
il dentifricio
イル デンティフリーチョ

石けん
il sapone
イル サポーネ

ブラシ
la spazzola
ラ スパッツォラ

切手
il francobollo
イル フランコボッロ

電池
la pila
ラ ピーラ

テレホンカード
la carta telefonica
ラ カルタ テレフォーニカ

薬
le medicine
レ メディチーネ

頭痛薬
per il mal di testa
ペル イル マル ディ テスタ

胃薬
per lo stomaco
ペル ロ ストーマコ

風邪薬
per il raffreddore
ペル イル ラッフレッドーレ

解熱剤
per la febbre
ペル ラ フェッブレ

下痢止め
per la diarrea
ペル ラ ディアッレーア

痛み止め
per il dolore
ペル イル ドローレ

かゆみ止め
per il prurito
ペル イル プルリート

咳止め
per la tosse
ペル ラ トッセ

目薬
il collirio
イル コッリーリオ

ばんそうこう
i cerotti
イ チェロッティ

生理用ナプキン
gli assorbenti
リ アッソルベンティ

タンポン
i tamponi
イ タンポーニ

おむつ
i pannolini
イ パンノリーニ

欲しいものを伝える

> **～はありますか？**
> **C'é ～?**
> チェ ～

これと同じもの **qualcosa come questo** クァルコーザ　コメ　クェスト	真空パックになっているもの **qualcosa sottovuoto** クァルコーザ　ソットヴオート
箱に入っているもの **qualcosa in scatola** クァルコーザ　イン　スカートラ	もっと少量のもの **una quantità inferiore** ウナ　クァンティター　インフェリオーレ

生でなく乾燥したタイプ
essiccato, non fresco
エッスィッカート　ノン　フレスコ

> **～はどれですか？**
> **Quale ～?**
> クァレ ～

人気の味 **sapore è il più richiesto** サポーレ　エ　イル　ピュー　リキェスト	いちばん売れているもの **è il più venduto** エ　イル　ピュー　ヴェンドゥート
おすすめの味 **sapore mi consiglia** サポーレ　ミ　コンスィーリャ	安くておいしいワイン **vino è buono ed economico** ヴィノ　エ　ブオーノ　エデコノーミコ

すぐに効く薬
medicina fa effetto subito
メディチーナ　ファ　エッフェット　スービト

症状を伝える

食料品・日用品・薬を買う

～の症状があります。 **Ho ～.** オ ～		
		熱 **la febbre** ラ フェッブレ
腹痛 **mal di pancia** マル ディ パンチャ	頭痛 **mal di testa** マル ディ テスタ	歯痛 **mal di denti** マル ディ デンティ
貧血 **l'anemia** ラネミーア	風邪 **il raffreddore** イル ラッフレッドーレ	鼻風邪 **il naso chiuso** イル ナゾ キューゾ
二日酔い **i postumi della sbornia** イ ポーストゥミ デッラ スボルニア	食あたり **l'intossicazione alimentare** リントッスィカツィオーネ アリメンターレ	

～がします。 **Ho ～.** オ ～		
	めまい **le vertigini** レ ヴェルティージニ	寒気 **i brividi** イ ブリーヴィディ
鈍痛 **un dolore sordo** ウン ドローレ ソルド	きりきりした痛み **un dolore acuto** ウン ドローレ アクート	ずきずきした痛み **un dolore lancinante** ウン ドローレ ランチナンテ

ここでこの薬を飲んでもいいですか？
Posso prendere la medicina qui?
ポッソ プレンデレ ラ メディチーナ クィ

これは食前用ですか、食後用ですか？
È da prendere prima o dopo i pasti?
エ ダ プレンデレ プリーマ オ ドポ イ パスティ

「食料品・日用品・薬を買う」のやりとり

これは日本へ持って帰れますか？
Lo posso portare in Giappone?
ロ ポッソ ポルターレ イン ジャッポーネ

味見できますか？
Posso assaggiare?
ポッソ アッサッジャーレ

賞味期限はいつまでですか？
Quando scade?
クァンド スカーデ

切手は売っていますか？
Avete dei francobolli?
アヴェーテ デイ フランコボッリ

どんな症状ですか？
Che sintomi ha?
ケ スィントミ ア

咳が出ます。
Ho la tosse.
オ ラ トッセ

この薬は処方箋がなくても買えますか？
Posso comprare questa medicina anche senza ricetta?
ポッソ コンプラーレ クェスタ メディチーナ アンケ センツァ リチェッタ

食料品・日用品・薬を買う

はい、大丈夫ですよ。	いいえ、これは持ち帰れませんよ。
Sì.	**Non, non si può.**
スィ	ノ ノン スィ プオー

はい、どうぞ。	すみませんが、できません。
Sì, prego.	**Mi dispiace, non è possibile.**
スィ プレーゴ	ミ ディスピャーチェ ノン エ ポッスィービレ

〜か月後です。	〜日後です。
Tra 〜 mesi.	**Tra 〜 giorni.**
トラ 〜 メズィ	トラ 〜 ジョルニ

はい、何枚ですか？	ここでは売ってません。
Sì, quanti ne vuole?	**No, non li vendiamo.**
スィ クゥンティ ネ ヴオーレ	ノ ノン リ ヴェンディアーモ

熱っぽいです。	鼻が出ます。
Mi sento la febbre.	**Mi cola il naso.**
ミ セント ラ フェッブレ	ミ コラ イル ナゾ

のどが痛いです。	食欲がありません。
Mi fa male la gola.	**Sono inappetente.**
ミ ファ マレ ラ ゴラ	ソノ イナッペテンテ

買えますよ。	これは買えません。
Sì.	**No, non è possibile.**
スィ	ノ ノン エ ポッスィービレ

買う

6章
見る・遊ぶ

観光する・遊ぶ
「観光する・遊ぶ」の単語 …………… 160
「観光する・遊ぶ」のやりとり ……… 166
情報を求める …… 164

芸術に親しむ
「芸術に親しむ」の単語 …………… 168
お願いする ………………………… 175
「芸術に親しむ」のやりとり ……… 176
たずねる ………… 174

サッカーを観戦する
「サッカーを観戦する」の単語 ……… 178
チケットについて聞く ……………… 180
「サッカーを観戦する」のやりとり … 182

「観光する・遊ぶ」の単語

観光する・遊ぶときは、このフレーズ！

遺跡を見たいです。
Vorrei vedere i resti.
ヴォッレーイ　ヴェデーレ　イ　レスティ

観光スポット **punti turistici** プンティ　トゥリスティチ	世界遺産 **patrimonio dell'umanità** パトリモーニオ　デッルマニター	
遺跡 **i resti** イ　レスティ	教会 **la chiesa** ラ　キェーザ	大聖堂 **il duomo** イル　ドゥオーモ
神殿 **il tempio** イル　テンピョ	城 **il castello** イル　カステッロ	宮殿 **il palazzo** イル　パラッツォ
劇場 **il teatro** イル　テアトロ	美術館・博物館 **il museo** イル　ムゼーオ	公園 **il parco** イル　パルコ
庭園 **il giardino** イル　ジャルディーノ	水族館 **l'acquario** ラックァーリオ	動物園 **lo zoo** ロ　ゾオ
観光案内所 **l'ufficio del turismo** ルッフィーチョ　デル　トゥリズモ	パンフレット **l'opuscolo** ロプースコロ	地図 **la cartina** ラ　カルティーナ
入場料 **la tariffa d'entrata** ラ　タリッファ　デントラータ	無料 **gratuito** グラトゥイト	

観光する・遊ぶ

街 **in città** イン チッター	旧市街 **il centro storico** イル チェントロ ストーリコ	新市街 **la zona moderna** ラ ゾナ モデールナ
広場 **la piazza** ラ ピャッツァ	塔 **la torre** ラ トッレ	噴水 **la fontana** ラ フォンターナ
橋 **il ponte** イル ポンテ	運河 **il canale** イル カナーレ	市庁舎 **il municipio** イル ムニチピョ
大学都市 **la città universitaria** ラ チッター ウニヴェルスィターリャ		村 **il paese** イル パエーゼ

自然 **la natura** ラ ナトゥーラ	山 **la montagna** ラ モンターニャ	川 **il fiume** イル フィウメ	湖 **il lago** イル ラゴ
海 **il mare** イル マーレ	港 **il porto** イル ポルト		島 **l'isola** リーゾラ
地中海 **il Mediterraneo** イル メディテッラネオ	アドリア海 **l'Adriatico** ラドリアティコ		丘 **la collina** ラ コッリーナ
峡谷 **la gola** ラ ゴーラ	畑 **il campo** イル カンポ		

「観光する・遊ぶ」の単語

観光する・遊ぶときは、このフレーズ！

半日ツアーに参加したいのですが。
Vorrei fare un tour per mezza giornata.
ヴォッレーイ　ファレ　ウン　トゥル　ペル　メッザ　ジョルナータ

ツアー **i tour** イ　トゥル	観光バス **il pullman turistico** イル　プルマン　トゥリスティコ	ガイド **la guida** ラ　グイーダ

半日ツアー **il tour per mezza giornata** イル　トゥル　ペル　メッザ　ジョルナータ	1日ツアー **il tour giornaliero** イル　トゥル　ジョルナリエーロ

日本語(英語)のツアー **il tour in giapponese (inglese)** イル　トゥル　イン　ジャッポネーゼ(イングレーゼ)	食事付き **i pasti inclusi** イ　パスティ　インクルーズィ

集合場所 **il luogo di ritrovo** イル　ルオゴ　ディ　リトローヴォ	集合時間 **l'ora di ritrovo** ロラ　ディ　リトローヴォ

エンターテインメント **gli intrattenimenti** リ　イントラッテニメンティ	コンサート **il concerto** イル　コンチェルト	映画 **il film** イル　フィルム

ライブ **il concerto dal vivo** イル　コンチェルト　ダル　ヴィヴォ	ディスコ **la discoteca** ラ　ディスコテカ	カジノ **il casinò** イル　カズィノー

祭り **la sagra** ラ　サグラ	カーニバル **il carnevale** イル　カルネヴァーレ	パレード **la sfilata** ラ　スフィラータ

観光する・遊ぶ

ワイナリー巡り	il giro per cantine	イル ジロ ペル カンティーネ
リゾート地	la località turistica	ラ ロカリター トゥリスティカ
温泉(テルメ)	le terme	レ テルメ
エステ	il salone di bellezza	イル サロネ ディ ベッレッツァ
プール	la piscina	ラ ピシーナ
スポーツ	gli sport	リ スポルツ
スキー	lo sci	ロ シ
サッカー	il calcio	イル カルチョ
トレッキング	il trekking	イル トレッキング
遊覧船	la nave da diporto	ラ ナヴェ ダ ディポルト
自転車	la bicicletta	ラ ビチクレッタ
レンタル	il noleggio	イル ノレッジョ
ハイキング	l'escursione	レスクルスィオーネ
ゴンドラ	la gondola	ラ ゴンドラ

天候 il tempo（イル テンポ）

晴れ	sereno	セレーノ
くもり	nuvoloso	ヌヴォローゾ
雨	pioggia	ピョッジャ
暑い	caldo	カルド
寒い	freddo	フレッド
雪	neve	ネヴェ
温度	la temperatura	ラ テンペラトゥーラ
湿気がある	umido	ウミド
天気予報	le previsioni del tempo	レ プレヴィズィオーニ デル テンポ

情報を求める

> ～場所へ行きたいのですが。
> **Vorrei andare in un posto ～.**
> ヴォッレーイ アンダーレ イン ウン ポスト ～

見晴らしのよい	観光客が少ない
con un bel panorama コン ウン ベル パノラーマ	**con pochi turisti** コン ポキ トゥリスティ
あなたがすすめる	夜景がきれいな
da Lei consigliato ダ レイ コンスィリャート	**con una bella vista notturna** コン ウナ ベッラ ヴィスタ ノットゥールナ

地元の人がよく行く
in cui le persone del luogo vanno spesso
イン クイ レ ペルソーネ デル ルオゴ ヴァンノ スペッソ

> ～を教えてください。
> **Mi può indicare ～?**
> ミ プオー インディカーレ ～

トイレの場所	出発時間
il bagno イル バニョ	**l'orario di partenza** ロラリオ ディ パルテンツァ
喫煙できる場所	絶好の写真スポット
dove posso fumare ドヴェ ポッソ フマーレ	**il posto migliore per fare foto** イル ポスト ミリョーレ ペル ファレ フォト
所要時間	料金
il tempo necessario イル テンポ ネチェッサリオ	**il prezzo** イル プレッツォ

> ～はありますか？
> **C'è ～?**
> チェ ～

車椅子 **una sedia a rotelle** ウナ　セディア　ア　ロテッレ	ベビーカー **un passeggino** ウン　パッセッジノ	エレベーター **l'ascensore** ラシェンソーレ
日帰りツアー **un tour giornaliero** ウン　トゥル　ジョルナリエーロ	ガイド付きツアー **un tour guidato** ウン　トゥル　グィダート	
買い物をする時間 **tempo per fare spese** テンポ　ペル　ファレ　スペゼ	食べる時間 **tempo per mangiare** テンポ　ペル　マンジャーレ	
自由時間 **tempo libero** テンポ　リーベロ	無料パンフ **un opuscolo gratuito** ウン　オプースコロ　グラトゥイト	

> あとどのくらい時間がかかりますか？
> **Quanto tempo ci vuole ancora?**
> クァント　テンポ　チ　ヴオーレ　アンコーラ

> 写真を撮ってあげましょうか？
> **Vuole che scatti una foto?**
> ヴオーレ　ケ　スカッティ　ウナ　フォト

> 並んでいますよ。
> **Sono in coda.**
> ソノ　イン　コダ

> すみません、通してください。
> **Mi scusi, passi pure.**
> ミ　スクーズィ　パッスィ　プーレ

観光する・遊ぶ

「観光する・遊ぶ」のやりとり

今日〜は開いていますか？
Oggi è aperto 〜?
オッジ エ アペルト 〜

はい。〜時から…時までです。
Sì, dalle 〜 alle ...
スィ ダッレ〜 アッレ …

〜のツアーに参加したいのですが。
Vorrei partecipare al tour di 〜.
ヴォッレーイ パルテチパーレ アル トゥル ディ 〜

日本語を話せるガイドをお願いしたいのですが。
Vorrei una guida che parla giapponese.
ヴォッレーイ ウナ グィダ ケ パルラ ジャッポネーゼ

集合時間と場所を教えてください。
Mi può dire l'ora e il luogo di ritrovo?
ミ プオー ディレ ロラ エ イル ルオゴ ディ リトローヴォ

写真を撮ってもいいですか？
Si possono fare foto?
スィ ポッソノ ファレ フォト

何時までやっていますか？
Fino a che ora è aperto?
フィノ ア ケ オラ エ アペルト

あれを背景に写真を撮ってもらえますか？
Può scattare una foto con quello sullo sfondo?
プオー スカッターレ ウナ フォト コン クェッロ スッロ スフォンド

観光する・遊ぶ

休館日です。
È chiuso.
エ キューゾ

受け付けは締め切りました。
Le iscrizioni sono chiuse.
レ イスクリツィオニ ソノ キューゼ

何名さまですか?
Per quante persone?
ペル クゥアンテ ペルソーネ

定員に達してしまいました。
I posti sono esauriti.
イ ポスティ ソノ エザウリーティ

かしこまりました。
Va bene.
ヴァ ベネ

あいにくですが、おりません。
Mi dispiace, non c'è.
ミ ディスピャチェ ノン チェ

〜時に…です。
È alle 〜, in ...
エ アッレ 〜 イン …

ええ、どうぞ。
Sì, prego.
スィ プレゴ

いいえ、だめです。
No, è vietato.
ノ エ ヴィエタート

フラッシュ撮影は禁止です。
Solo senza flash.
ソロ センツァ フレッシュ

〜時までです。
Fino alle 〜.
フィノ アッレ 〜

もちろん。
Certo.
チェルト

どれですか?
Quale?
クァレ

「芸術に親しむ」の単語

芸術に親しむときは、このフレーズ！

大人2枚お願いします。
Due adulti, per favore.
ドゥエ　アドゥルティ　ペル　ファヴォーレ

美術館・博物館
al museo
アル　ムゼーオ

チケット
il biglietto
イル　ビリェット

チケット窓口
la biglietteria
ラ　ビリェッテリア

大人
per un adulto
ペル　ウン　アドゥルト

子ども
per un bambino
ペル　ウン　バンビーノ

入場料
l'ingresso
リングレッソ

割引
lo sconto
ロ　スコント

予約
la prenotazione
ラ　プレノタツィオーネ

共通券
il biglietto cumulativo
イル　ビリェット　クムラティーヴォ

セット券 *美術館と交通機関の利用券がセットになったもの
il pass
イル　パッス

音声ガイド
la guida acustica
ラ　グィダ　アクースティカ

パンフレット
l'opuscolo
ロプースコロ

日本語
in giapponese
イン　ジャッポネーゼ

英語
in inglese
イン　イングレーゼ

館内案内図
la mappa dell'edificio
ラ　マッパ　デッレディフィーチョ

カメラ
la macchina fotografica
ラ　マッキナ　フォトグラーフィカ

写真撮影
scattare foto
スカッターレ　フォト

禁止
vietato
ヴィエタート

ロッカー
gli armadietti
リ　アルマディエッティ

芸術に親しむ

入口	出口	階段
l'entrata	**l'uscita**	**le scale**
レントラータ	ルシータ	レ スカーレ

1階	2階	地下
il secondo piano	**il terzo piano**	**sotterraneo**
イル セコンド ピャノ	イル テルツォ ピャノ	ソッテッラーネオ

エレベーター	カフェ	売店
l'ascensore	**la caffetteria**	**il chiosco**
ラシェンソーレ	ラ カッフェッテリア	イル キョスコ

トイレ	案内所
il bagno	**l'ufficio informazioni**
イル バニョ	ルッフィーチョ インフォルマツィオーニ

閉館時間	休館日
l'orario di chiusura	**i giorni di chiusura**
ロラリオ ディ キュズーラ	イ ジョルニ ディ キュズーラ

常設展	特別展
l'esposizione permanente	**l'esposizione speciale**
レスポズィツィオーネ ペルマネーンテ	レスポズィツィオーネ スペチャーレ

絵画	版画	彫刻
il quadro	**la xilografia**	**la scultura**
イル クァドロ	ラ クスィログラフィーア	ラ スクルトゥーラ

宗教画	肖像画
la pittura sacra	**il ritratto**
ラ ピットゥーラ サクラ	イル リトラット

「芸術に親しむ」の単語

芸術に親しむときは、このフレーズ！

天井画を見たいです。
Vorrei vedere un dipinto su soffitto.
ヴォッレーイ　ヴェデーレ　ウン　ディピント　ス　ソッフィット

| カトリック **il Cattolicesimo** イル　カットリチェーズィモ | 大聖堂 **il duomo** イル　ドゥオーモ | 聖堂 **il santuario** イル　サントゥアーリオ |

| 教会 **la chiesa** ラ　キエーザ | 礼拝堂 **la cappella** ラ　カッペッラ | 洗礼堂 **il battistero** イル　バッティステーロ |

| 修道院 **il monastero** イル　モナステーロ | 祭壇 **l'altare** ラルターレ | 柱廊 **il colonnato** イル　コロンナート |

| 墓 **la tomba** ラ　トンバ | 地下墓所 **la tomba sotterranea** ラ　トンバ　ソッテッラーネア | 宝物 **il tesoro** イル　テゾーロ |

| カタコンベ **le catacombe** レ　カタコンベ | *初期キリスト教時代の地下墓所 | 中庭 **il chiostro** イル　キョストロ | 正面（ファサード） **la facciata** ラ　ファッチャータ |

| 丸天井 **la cupola** ラ　クポラ | 聖具 **gli oggetti sacri** リ　オッジェッティ　サクリ |

| 十字架 **la Croce** ラ　クロチェ | キリスト **Cristo** クリスト | マリア **Maria / la Madonna** マリア / ラ　マドンナ | 聖人 **il santo** イル　サント |

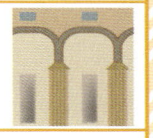

芸術に親しむ

モザイク	il mosaico	イル　モザイコ
ステンドグラス	la vetrata	ラ　ヴェトラタ
フレスコ	l'affresco	ラッフレスコ
大理石	il marmo	イル　マルモ
彫刻	la scultura	ラ　スクルトゥーラ
絵画	il dipinto	イル　ディピント
建築	l'architettura	ラルキテットゥーラ
天井画	il dipinto su soffitto	イル　ディピント　ス　ソッフィット
ロマネスク	il Romanico	イル　ロマーニコ
壁画	la pittura murale	ラ　ピットゥーラ　ムラーレ
古代ローマ	l'Antica Roma	ランティーカ　ローマ
ゴシック	il Gotico	イル　ゴティコ
ルネサンス	il Rinascimento	イル　リナシメント
バロック	il Barocco	イル　バロッコ
内部	l'interno	リンテルノ
床	il pavimento	イル　パヴィメント
壁	la parete	ラ　パレーテ
『ピエタ』	la Pietà	ラ　ピェター
『聖母子』	la Madonna col Bambino	ラ　マドンナ　コル　バンビーノ
『受胎告知』	l'Annunciazione	ランヌンチャツィオーネ
『最後の審判』	il Giudizio Finale	イル　ジュディツィオ　フィナーレ

「芸術に親しむ」の単語

芸術に親しむときは、このフレーズ！

オペラを見たいです。
Vorrei vedere l'opera.
ヴォッレーイ　ヴェデーレ　ロペラ

オペラ **l'opera** ロペラ	バレエ **il balletto** イル　バッレット	劇場 **il teatro** イル　テアトロ
チケット **il biglietto** イル　ビリェット	チケット窓口 **il botteghino** イル　ボッテギーノ	料金 **il prezzo** イル　プレッツォ
座席 **il posto** イル　ポスト	プラテア（1階正面） **la platea** ラ　プラテーア	パルコ（ボックス席） **il palco** イル　パルコ
ガレリア（椅子席） **la galleria** ラ　ガッレリーア	ロッジョーネ（天井桟敷） **il loggione** イル　ロッジョーネ	演目 **il programma** イル　プログラッマ
出演者 **l'attore**　*女性の場合は ラットーレ　　l'attrice 　　　　　（ラットリーチェ）	音楽 **la musica** ラ　ムズィカ	歌手 **il cantante** イル　カンタンテ
ソプラノ **il soprano** イル　ソプラーノ	テノール **il tenore** イル　テノーレ	
バリトン **il baritono** イル　バリートノ	オーケストラ **l'orchestra** ロルケーストラ	*女性の場合は il でなく la（ラ）

芸術に親しむ

パンフレット	**l'opuscolo**	ロプースコロ
ミラノスカラ座	**il Teatro alla Scala**	イル テアトロ アッラ スカラ
円形劇場	**l'anfiteatro**	ランフィテアトロ
野外オペラ	**l'opera all'aperto**	ロペラ アッラペルト
『アイーダ』	**l'Aida**	ライーダ
『ラ・ボエーム』	**la Bohème**	ラ ボエーム
『セビリアの理髪師』	**il Barbiere di Siviglia**	イル バルビエーレ ディ スィヴィーリャ
『トゥーランドット』	**la Turandot**	ラ トゥーランドー
『蝶々夫人』	**la Madame Butterfly**	ラ マダム バッテルフライ
『トスカ』	**la Tosca**	ラ トスカ
ヴェルディ	**Verdi**	ヴェルディ
プッチーニ	**Puccini**	プッチーニ
ロッシーニ	**Rossini**	ロッスィーニ

芸術家 **artisti** アルティスティ

ミケランジェロ	**Michelangelo**	ミケランジェロ
ラファエロ	**Raffaello**	ラッファエッロ
ダ・ヴィンチ	**Da Vinci**	ダ ヴィンチ
ボッティチェリ	**Botticelli**	ボッティチェッリ
フラ・アンジェリコ	**Fra' Angelico**	フラ アンジェリコ
ティツィアーノ	**Tiziano**	ティツィアーノ
フィリッポ・リッピ	**Filippo Lippi**	フィリッポ リッピ
カラヴァッジョ	**Caravaggio**	カラヴァッジョ

*Beato Angelico（ベアト アンジェリコ）とも言う

たずねる

> 〜してもいいですか？
> **Posso 〜?**
> ポッソ 〜

写真を撮る **scattare foto** スカッターレ　フォト	フラッシュを使う **usare il flash** ウザーレ　イル　フレッシュ
中に入る **entrare** エントラーレ	飲食する **mangiare** マンジャーレ
カードで払う **pagare con la carta** パガーレ　コン　ラ　カルタ	ここに座る **sedermi qui** セデルミ　クィ
これをもらう **prendere questo** プレンデレ　クェスト	あそこへ行く **andare lì** アンダーレ　リ

> 〜するのにどのくらい時間がかかりますか？
> **Quanto tempo ci vuole per 〜?**
> クァント　テンポ　チ　ヴオーレ　ペル 〜

中に入れる **entrare** エントラーレ	中を見て回る **fare un giro all'interno** ファレ　ウン　ジーロ　アッリンテルノ
上まで歩いてのぼる **salire in cima** サリーレ　イン　チマ	そこまで行って戻ってくる **andare e tornare** アンダーレ　エ　トルナーレ

芸術に親しむ

~はどこですか？
Dov'é ~?
ドヴェー ~

~の絵画が見られる美術館	
il museo in cui si può vedere il quadro di ~ イル ムゼーオ イン クイ スィ プオー ヴェデーレ イル クァドロ ディ ~	

この絵がある場所	この席
il posto in cui è questo quadro イル ポスト イン クイ エ クェスト クァドロ	**questo posto** クェスト ポスト
食べ物を売っている場所	入口
il posto dove vendono da mangiare イル ポスト ドヴェ ヴェンドノ ダ マンジャーレ	**l'entrata** レントラータ
チケットを受け取る場所	クローク
il posto in cui ritirare i biglietti イル ポスト イン クイ リティラーレ イ ビリェッティ	**il guardaroba** イル グァルダローバ

お願いする

~してもらえますか？
Potrebbe ~?
ポトレッベ ~

	この席をとっておく
	tenermi il posto テネールミ イル ポスト

あの建物全体を入れて写真を撮る	
scattare una foto di tutto l'edificio スカッターレ ウナ フォト ディ トゥット レディフィーチョ	

荷物を見張る	私と一緒に写真を撮る
guardarmi il bagaglio グァルダルミ イル バガーリョ	**fare una foto con me** ファレ ウナ フォト コン メ

出発する / 移動する / 泊まる / 食べる / 買う / 見る・遊ぶ

「芸術に親しむ」のやりとり

このチケットの予約をしてもらえますか？
Potrebbe prenotare questi biglietti?
ポトレッベ プレノターレ クェスティ ビリェッティ

チケットはどこで受け取ればいいですか？
Dove posso ritirare i biglietti?
ドヴェ ポッソ リティラーレ イ ビリェッティ

> ここです。
> **Qui.**
> クィ

子どもも入れますか？
I bambini possono entrare?
イ バンビーニ ポッソノ エントラーレ

ドレスコードはありますか？
Bisogna vestirsi in modo particolare?
ビゾーニャ ヴェスティルスィ イン モド パルティコラーレ

この席はどこですか？
Dov'è questo posto?
ドヴェー クェスト ポスト

> ご案内します。
> **Glielo mostro.**
> リェーロ モストロ

> 少々お待ちください。
> **Attenda un attimo.**
> アッテンダ ウン アッティモ

荷物を預かってもらえますか？
Posso lasciare le valigie qui?
ポッソ ラシャーレ レ ヴァリージェ クィ

> はい。
> **Sì.**
> スィ

176

芸術に親しむ

かしこまりました。	**Certamente.**	チェルタメンテ
何名さまですか？	**Per quante persone?**	ペル クァンテ ペルソーネ
いつになさいますか？	**Per quando?**	ペル クァンド
こちらでは承れません。	**Qui non è possibile.**	クィ ノン エ ポッスィービレ
〜へ行ってください。	**Vada 〜.**	ヴァダ 〜
場所の地図を描きましょう。	**Le disegno la cartina del posto.**	レ ディゼーニョ ラ カルティーナ デル ポスト
〜歳以上なら大丈夫です。	**Sì, dai 〜 anni.**	スィ ダイ 〜 アンニ
ジャケットを着用してください。	**Metta una giacca.**	メッタ ウナ ジャッカ
特にございません。	**Non particolarmente.**	ノン パルティコラルメンテ
ショートパンツはご遠慮ください。	**I pantaloncini sono vietati.**	イ パンタロンチーニ ソノ ヴィエターティ
こちらではお預かりできません。	**Non è possibile lasciarle qui.**	ノン エ ポッスィービレ ラシャルレ クィ
ロッカーに入れてください。	**Le metta nell'armadietto.**	レ メッタ ネッラルマディエット

見る・遊ぶ

177

「サッカーを観戦する」の単語

サッカーを観戦するときは、このフレーズ！

明日のチケットはありますか？
Ci sono biglietti per domani?
チ ソノ ビリェッティ ペル ドマーニ

サッカー il calcio イル カルチョ	試合 la partita ラ パルティータ	チーム la squadra ラ スクァドラ	セリエA la serie A ラ セリエ ア

チケット il biglietto イル ビリェット	チケット売り場 la biglietteria ラ ビリェッテリーア	予約 la prenotazione ラ プレノタツィオーネ

当日券
il biglietto valido per il giorno stesso
イル ビリェット ヴァーリド ペル イル ジョルノ ステッソ

前売券 il biglietto in prevendita イル ビリェット イン プレベンディタ	予約番号 il numero di prenotazione イル ヌーメロ ディ プレノタツィオーネ

料金 il prezzo イル プレッツォ	手数料 la commissione ラ コッミッスィオーネ	売り切れ esaurito エザウリート	〜日 il 〜 イル 〜

今日 oggi オッジ	明日 domani ドマーニ	前半 il primo tempo イル プリーモ テンポ	後半 il secondo tempo イル セコンド テンポ

開始時間 l'orario di inizio ロラーリオ ディ イニツィオ	ロスタイム i tempi supplementari イ テンピ スップレメンターリ

サッカーを観戦する

座席 **il posto** イル ポスト	ブロック **il settore** イル セットーレ	列 **la fila** ラ フィラ	座席表 **la mappa dei posti** ラ マッパ デイ ポスティ

メインスタンド **la tribuna principale** ラ トリブーナ プリンチパーレ	バックスタンド **la tribuna posteriore** ラ トリブーナ ポステリオーレ
ゴール裏スタンド **la tribuna dietro le porte** ラ トリブーナ ディエトロ レ ポルテ	コーナー寄り **in prossimità del corner** イン プロッスィミター デル コルネル
前段(後段) **l'anello anteriore (posteriore)** ラネッロ アンテリオーレ(ポステリオーレ)	1階席 (2階席) **il posto nel primo (secondo) anello** イル ポスト ネル プリーモ(セコンド) アネッロ

中央寄り **centrale** チェントラーレ	スタジアム **lo stadio** ロ スタディオ		入場ゲート **la porta** ラ ポルタ

応援 **il tifo** イル ティフォ	サポーター **i tifosi** イ ティフォーズィ	選手 **il giocatore** イル ジョカトーレ	シュート **il tiro** イル ティロ

ユニホーム **l'uniforme** ルニフォールメ	応援グッズ **gli articoli da tifoseria** リ アルティーコリ ダ ティフォゼリーア	
スポーツサークル **il circolo sportivo** イル チルコロ スポルティーヴォ	*スポーツが好きな人が集まる場所	応援歌 **il coro** イル コロ

チケットについて聞く

> 〜はありますか？
> **C'è 〜？**
> チェ 〜

当日券
un biglietto per il giorno stesso
ウン　ビリェット　ペル　イル　ジョルノ　ステッソ

前売り券
un biglietto in prevendita
ウン　ビリェット　イン　プレヴェンディタ

座席表
una mappa dei posti
ウナ　マッパ　デイ　ポスティ

空席
un posto disponibile
ウン　ポスト　ディスポニービレ

無料情報誌
un opuscolo informativo gratuito
ウン　オプースコロ　インフォルマティーヴォ　グラトゥイト

> 〜はいくらですか？
> **Quanto costa 〜？**
> クァント　コスタ　〜

そのチケット
quel biglietto
クェル　ビリェット

この席
questo posto
クェスト　ポスト

前売り料金
la prevendita
ラ　プレヴェンディタ

いちばん安い席
il posto più economico
イル　ポスト　ピュー　エコノミコ

当日券
il biglietto per il giorno stesso
イル　ビリェット　ペル　イル　ジョルノ　ステッソ

合計金額
in totale
イン　トターレ

サッカーを観戦する

～の切符を買いたいのですが。
Vorrei comprare un biglietto ～.
ヴォッレーイ コンプラーレ ウン ビリェット ～

～対…	～日
per la partita ～ (contro) ... ペル ラ パルティータ ～（コントロ）…	**per il ～** ペル イル ～

今日	明日	大人２人
per oggi ペル オッジ	**per domani** ペル ドマーニ	**per due adulti** ペル ドゥエ アドゥルティ

座席表を見せていただけますか？
Può mostrarmi la mappa dei posti?
プオー モストラルミ ラ マッパ デイ ポスティ

チケットを買うのに並んでいるんですか？
È in fila per i biglietti?
エ イン フィラ ペル イ ビリェッティ

トイレはどこですか？
Dov'è il bagno?
ドヴェー イル バニョ

応援グッズはどこで売っていますか？
Dove vendono gli articoli da tifoseria?
ドヴェ ヴェンドノ リ アルティーコリ ダ ティフォゼリーア

「サッカーを観戦する」のやりとり

~のチケットはまだ手に入りますか？
Ci sono già i biglietti per ～?
チ ソノ ジャ イ ビリェッティ ペル ～

どの席がありますか？
Che posti ci sono?
ケ ポスティ チ ソノ

チケットはどこで受け取ればいいですか？
Dove posso ritirare i biglietti?
ドヴェ ポッソ リティラーレ イ ビリェッティ

この席はどこですか？
Dov'è questo posto?
ドヴェー クェスト ポスト

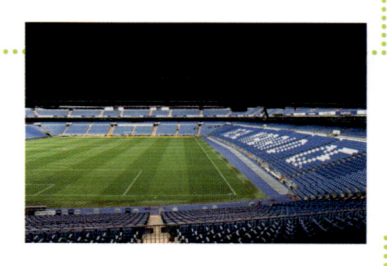

ここは私の席だと思いますが。
Questo dovrebbe essere il mio posto.
クェスト ドヴレッベ エッセレ イル ミオ ポスト

タクシーを呼んでもらえませんか？
Può chiamarmi un taxi?
プオー キャマルミ ウン タクスィ

サッカーを観戦する

ええ、ございます。
Sì, ci sono.
スィ チ ソノ

完売しました。
Sono esauriti.
ソノ エザウリーティ

どの席でもありますよ。
Tutti.
トゥッティ

こちらだけです。
Solo questi.
ソロ クェスティ

ここです。
Qui.
クィ

〜へ行ってください。
Vada 〜.
ヴァダ 〜

案内します。
Glielo mostro.
リェーロ モストロ

右の方です。
A destra.
ア デストラ

左の方です
A sinistra.
ア スィニストラ

この上です
Qui sopra.
クィ ソプラ

この下です。
Qui sotto.
クィ ソット

すみません、間違えました。
Mi scusi, ho sbagliato.
ミ スクーズィ オ スバリャート

あなたの席はここではありませんよ。
Il suo posto non è questo.
イル スオ ポスト ノン エ クェスト

はい、ここで待っていてください。
Sì, aspetti qui.
スィ アスペッティ クィ

ここでは呼べません。
Non è possibile qui.
ノン エ ポッスィービレ クィ

超緊急！旅のトラブル・フレーズ集

－ 病気・けが －

① ここが痛いんです。
Mi fa male qui.
ミ ファ マレ クィ

② 具合が悪いです。解熱剤（風邪薬）をください。
Sto male. Vorrei un antipiretico (una medicina per il raffeddore).
スト マレ ヴォッレーイ ウン アンティピレーティコ
（ウナ メディチーナ ペル イル ラッフレッドーレ）

☞ 薬 p.153

③ （高）熱があります。
Ho la febbre (alta).
オ ラ フェッブレ（アルタ）

④ この薬は子どもが飲んでも大丈夫ですか？
I bambini possono prendere questa medicina?
イ バンビーニ ポッソノ プレンデレ クェスタ メディチーナ

⑤ 診断書（処方箋）を書いてください。
Mi faccia il certificato medico (la ricetta), per favore.
ミ ファッチャ イル チェルティフィカート メディコ
（ラ リチェッタ）ペル ファヴォーレ

⑥ 旅行保険は利きますか？
È coperto dall'assicurazione di viaggio?
エ　コペルト　ダッラッスィクラツィオーネ　ディ　ヴィアッジョ

⑦ お医者さんに行ったほうがよさそうですか？
È meglio andare dal dottore?
エ　メリョ　アンダーレ　ダル　ドットーレ

⑧ 胃が痛いです。
Mi fa male lo stomaco.
ミ　ファ　マレ　ロ　ストーマコ

☞ 症状を伝える　p.155

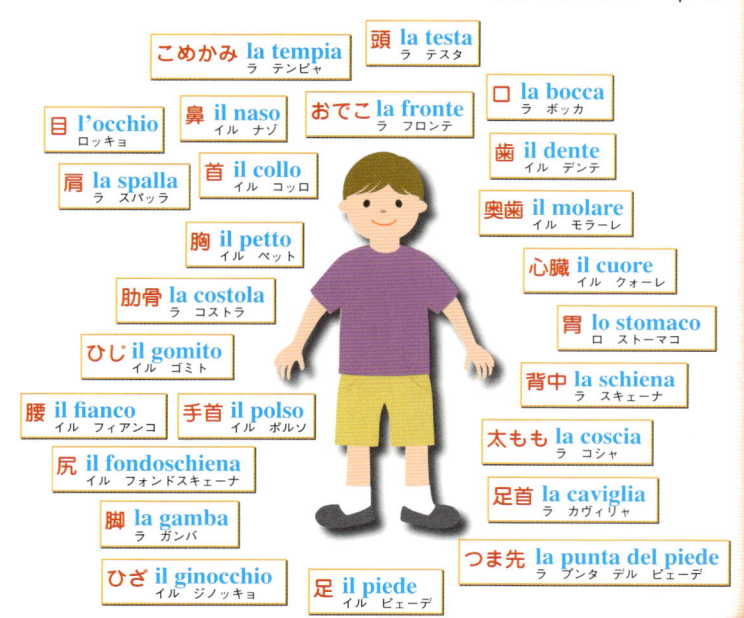

超緊急！旅のトラブル・フレーズ集

- こめかみ la tempia　ラ テンピャ
- 頭 la testa　ラ テスタ
- 口 la bocca　ラ ボッカ
- 目 l'occhio　ロッキョ
- 鼻 il naso　イル ナゾ
- おでこ la fronte　ラ フロンテ
- 歯 il dente　イル デンテ
- 首 il collo　イル コッロ
- 肩 la spalla　ラ ズパッラ
- 奥歯 il molare　イル モラーレ
- 胸 il petto　イル ペット
- 心臓 il cuore　イル クォーレ
- 肋骨 la costola　ラ コストラ
- 胃 lo stomaco　ロ ストーマコ
- ひじ il gomito　イル ゴミト
- 背中 la schiena　ラ スキェーナ
- 腰 il fianco　イル フィアンコ
- 手首 il polso　イル ポルソ
- 太もも la coscia　ラ コシャ
- 尻 il fondoschiena　イル フォンドスキェーナ
- 足首 la caviglia　ラ カヴィリャ
- 脚 la gamba　ラ ガンバ
- つま先 la punta del piede　ラ プンタ デル ピェーデ
- ひざ il ginocchio　イル ジノッキョ
- 足 il piede　イル ピェーデ

－ 盗難・紛失 －

⑨ カバンを盗まれました。
Mi hanno rubato la borsa.
ミ　アンノ　ルバート　ラ　ボルサ

⑩ パスポート（クレジットカード）をなくしました。
**Ho perso il passaporto
(la carta di credito).**
オ　ペルソ　イル　パッサポルト（ラ　カルタ　ディ　クレーディト）

⑪ タクシー（地下鉄／バス）に荷物を置き忘れました。
**Ho dimenticato i bagagli in taxi
(metro / autobus).**
オ　ディメンティカート　イ　バガーリ　イン　タクスィ（メトロ／アウトブス）

⑫ 地下鉄で札入れ（小銭入れ）をすられました。
**Mi hanno rubato il portafoglio
(il portamonete) in metro.**
ミ　アンノ　ルバート　イル　ポルタフォーリョ
（イル　ポルタモネーテ）　イン　メトロ

⑬ 盗難証明書を作ってください。
Prepari una denuncia di furto.
プレパーリ　ウナ　デヌンチャ　ディ　フルト

⑭ どうすればいいですか？
Cosa posso fare?
コーザ　ポッソ　ファレ

⑮ どこに行けばいいですか？
Dove posso andare?
ドヴェ　ポッソ　アンダーレ

⑯ 見つかり次第、連絡をください。
Appena lo trova, mi contatti per favore.
アッペナ　ロ　トローヴァ　ミ　コンタッティ　ペル　ファヴォーレ

⑰ 今すぐクレジットカードの使用を停止して、再発行をお願いします。
Blocchi subito la carta e ne emetta una nuova, per favore.
ブロッキ　スービト　ラ　カルタ　エ　ネ　エメッタ
ウナ　ヌオヴァ　ペル　ファヴォーレ

⑱ 日本大使館（領事館）に連れていってください。
Mi accompagni all'ambasciata (al consolato) giapponese, per favore.
ミ　アッコンパーニ　アッランバシャータ
（アル　コンソラート）　ジャッポネーゼ　ペル　ファヴォーレ

－ 犯罪・事故 －

⑲ 泥棒！
Al ladro!
アル　ラドロ

⑳ だれか助けて！
Aiuto!
アユート

㉑ 警察を呼んで！
Polizia!
ポリツィア

㉒ あの人、捕まえて！
Fermate quell'uomo!
フェルマーテ　クェッルオーモ

㉓ 助けて！ 主人が襲われているんです！
Aiuto! Mio marito è stato aggredito!
アユート　ミオ　マリート　エ　スタト　アッグレディート

㉔ 事故です！
C'è stato un incidente!

チェ スタート ウン インチデンテ

㉕ 救急車を呼んで！
Chiamate un'ambulanza!

キャマーテ ウン アンブランツァ

㉖ 私を病院に連れていってください。
Portatemi all'ospedale.

ポルターテミ アッロスペダーレ

㉗ けが人がいます。応急処置をお願いします。
C'è un ferito. Ha bisogno di cure immediate.

チェ ウン フェリート ア ビゾーニョ
ディ クレ イッメディアーテ

㉘ 私の連れが車にはねられました。
Il mio compagno è stato investito* da una macchina.

イル ミオ コンパーニョ エ スタト インヴェスティート
ダ ウナ マッキナ

*連れが女性の場合は、La mia compagna è stata investita 〜
（ラ ミア コンパーニャ エ スタータ インヴェスティータ）と言います。

− その他のトラブル −

㉙ 緊急です！
C'é un'emergenza!
チェ　ウン　エメルジェンツァ

㉚ 火事です！
C'è un incendio!
チェ　ウン　インチェンディオ

㉛ 非常口はどこ？
Dov'è l'uscita di emergenza?
ドヴェー　ルシータ　ディ　エメルジェンツァ

㉜ エレベーターが止まりました。
L'ascensore è fermo.
ラシェンソーレ　エ　フェルモ

㉝ お金を返して！
Mi renda i soldi!
ミ　レンダ　イ　ソルディ

㉞ いい加減にして！
Basta!
バスタ

㉟ 日本語（英語）がわかる人を呼んでください。
Chiami qualcuno che parla giapponese (inglese).

キャーミ　クァルクーノ　ケ　パルラ　ジャッポネーゼ（イングレーゼ）

㊱ すみません、イタリア語はわかりません。
Scusi, non capisco l'italiano.

スクーズィ　ノン　カピスコ　リタリアーノ

㊲ やめて！
La smetta!

ラ　スメッタ

㊳ 離して！
Mi lasci!

ミ　ラッシ

㊴ いりません！
Non ne ho bisogno!

ノン　ネ　オ　ビゾーニョ

㊵ 私じゃありません！
Non sono stato io![*]

ノン　ソノ　スタート　イオ

*女性の場合は、Non sono stata io!（ノン　ソノ　スタータ　イオ）と言います。

■ 著者

Alessia Bianciardi（アレッシア・ビアンチャールディ）
フィレンツェ大学日本文学科卒。2009年に来日。教師歴5年で、現在は日伊学院イタリア語講師。

■ 校正協力

Anna Esposito（アンナ・エスポージト / 日伊学院講師）

■ 編者

WIT HOUSE（ウィットハウス）
一般向け英会話教材、TOEIC、TOEFL対策教材から、幼児・小学生・中学生用の英語教材まで、英語を中心とした語学教材全般の企画、原稿執筆、編集、CD制作を行う編集プロダクション。1990年創立。一般書籍教材のほか、企業研修用英語教材、通信教育用英語教材など幅広いジャンルで英語教材の制作を行っている。編著に『わかる、伝わる 旅コトバ帳』シリーズ、『CD4枚付 英会話パーフェクト辞典』『CD4枚付 英会話キーワード辞典』『新TOEIC®テスト 実戦模試3回分』（以上、成美堂出版）などがある。

わかる、伝わる旅コトバ帳 イタリア

著　者	アレッシア・ビアンチャールディ
編　者	WIT HOUSE（ウィット　ハウス）
発行者	風早健史
発行所	成美堂出版 〒162-8445　東京都新宿区新小川町1-7 電話(03)5206-8151　FAX(03)5206-8159
印　刷	株式会社フクイン

©SEIBIDO SHUPPAN　2012　PRINTED IN JAPAN
ISBN978-4-415-31311-5
落丁・乱丁などの不良本はお取り替えします
定価はカバーに表示してあります

●本書および本書の付属物を無断で複写、複製（コピー）、引用することは著作権法上での例外を除き禁じられています。また代行業者等の第三者に依頼してスキャンやデジタル化することは、たとえ個人や家庭内の利用であっても一切認められておりません。